集団認知行動療法の進め方

大野 裕・堀越 勝 監修

田島美幸 編

The Essence [illegible]
Applications of
Cognitive Behavioral
Group Therapy

培風館

執筆者紹介（50音順，2020年6月現在）

＜　＞は執筆分担を示す

飯島崇乃子	東京都児童相談センター 医師 ＜ 5-4 ＞
石川信一	同志社大学心理学部 教授 ＜ 5-6 ＞
伊藤正哉	国立精神・神経医療研究センター認知行動療法センター 研修指導部研修普及室 室長 ＜ 4-8 ＞
今村扶美	国立精神・神経医療研究センター病院 臨床心理部 臨床心理室 室長 ＜ 4-12 ＞
大江悠樹	杏林大学医学部精神神経科学教室 助教 ＜ 4-11 ＞
大嶋伸雄	東京都立大学健康福祉学部 教授 ＜ 5-5 ＞
大野　裕	認知行動療法研修開発センター 理事長／ストレスマネジメントネットワーク（株）代表 ＜コラム 2 ＞
岡田佳詠	国際医療福祉大学成田看護学部看護学科 教授 ＜ 4-1 ＞
小川　成	名古屋市立大学大学院人間文化研究科 教授 ＜ 2 章，4-4 ＞
樫村正美	日本医科大学医学部医療心理学教室 講師 ＜ 5-3 ＞
加藤典子	慶應義塾大学医学部精神・神経科学教室 特任研究員 ＜ 4-6 ＞
蟹江絢子	国立精神・神経医療研究センター認知行動療法センター 医師 ＜ 4-3 ＞
菊池志乃	京都大学大学院医学研究科消化器内科 医師 ＜ 4-11 ＞
北川信樹	医療法人ライブフォレスト北大通こころのクリニック 院長／NPO 法人 北海道認知行動療法センター 理事長 ＜ 1 章，コラム 1，4-2 ＞
小林由季	慶應義塾大学医学部精神・神経科学教室 特任助教 ＜ 4-5 ＞
新明一星	TCB カウンセリングオフィス代表 ＜ 4-13 ＞
関崎　亮	桐生第一高等学校 学校医／（株）Welcome to talk 代表 ＜ 5-8 ＞
髙岸百合子	駿河台大学心理学部 准教授 ＜ 5-9 ＞
田島美幸	慶應義塾大学医学部精神・神経科学教室 特任講師 ＜ 3 章＞
田中伸明	医療法人静心会 藤田メンタルケアサテライト徳重北 主任 ＜ 5-2 ＞
中島聡美	武蔵野大学人間科学部 教授 ＜ 4-8 ＞
中島　俊	国立精神・神経医療研究センター認知行動療法センター 臨床技術開発室 室長 ＜ 4-9 ＞
中野有美	南山大学人文学部心理人間学科 教授 ＜ 5-7 ＞
中村聡美	NTT 東日本関東病院 臨床心理士／公認心理師 ＜ 5-1 ＞
藤澤大介	慶應義塾大学医学部 准教授 ＜ 4-14 ＞
正木智子	武蔵野大学心理臨床センター 客員研究員 ＜ 4-7 ＞
松田陽子	武蔵野大学認知行動療法研究所 客員研究員 ＜ 4-8 ＞
山本正浩	国立障害者リハビリテーションセンター病院 作業療法士長 ＜ 5-5 ＞
吉野敦雄	広島大学大学院医系科学研究科精神神経医科学 特任講師 ＜ 4-10 ＞

はじめに

本書は，集団認知行動療法の歴史的背景と具体的な進め方について，実際に医療や教育，司法などの現場で活躍している専門家が自らの体験をもとに，集団認知行動療法の実際について具体的に紹介した体系的な書籍である。

このように体系的に集団認知行動療法を紹介する書籍は多くの臨床家や実践家の役に立つはずだという意見が，国立精神・神経医療研究センター認知行動療法センターの仲間から出されたのはしばらく前のことになる。その頃，うつ病に対する個人認知行動療法の効果がわが国でも実証され診療報酬の対象にもなったものの，実施できる期間が限られているという問題が存在していた。質の高い心理的アプローチを広く提供することの難しさは，認知行動療法に限らず，わが国の精神療法に歴史的についてまわってきた重い課題である。

もっとも，これはわが国に限ったことではなく，精神療法先進国の欧米でも同じである。そのなかで，とくに英国で注目されるようになったのが，少ないマンパワーで効率的に認知行動療法を提供できる簡易型認知行動療法である。それは，集団や教育資材，ITを活用することでマンパワーの不足を補い，多くのユーザーの役に立つ成果を上げようとする試みである。

その流れはわが国にも及び，とくに復職支援の現場で，うつ病の認知行動療法のモデルを使った集団認知行動療法が行われるようになり，優れた実践書がすでに刊行されていた。しかしその一方で，多くの心ある専門家が，うつ病だけでなく，他の精神疾患に対しても集団の認知行動療法を実践して臨床的な成果を上げているという現実も存在していた。このように幅広い現場で活躍している専門家に依頼して，理論的に裏づけられた実践のコツを具体的に紹介してもらえれば，集団認知行動療法がさらに活用されるようになるはずだと考え，本書の作成に取りかかることになった。

その成果が本書である。集団認知行動療法の概要に始まり，その始め方，スタッフの教育，そして集団認知行動療法の効果を高める個人療法など，集団認知行動療法を実践するための基礎が紹介されている。そして，こうした枠組みのなかで，精神疾患および身体疾患に対する集団認知行動療法の実践が示され，それに続いて，医療，職域，教育，矯正など，さまざまな領域での集団認知行動療法の活用例が紹介されている。

本書は，わが国の集団認知行動療法の最先端で活躍している専門家に執筆していただけたことで，多くの実践家の役に立つ内容になったと自負している。多くの方に手に取っていただき，悩みを抱えた人たちの手助けをする際の一助としていただきたいと願っている。

2020 年 6 月

大野　裕

目　次

第1章　集団認知行動療法の概要

学習のポイント

- 認知行動療法の基本的発想と治療上の原則を知る
- 集団認知行動療法の内容と基本構造を知る
- 集団認知行動療法で重視すべきプロセス要素と治療者の役割を知る
- 集団認知行動療法の効果研究の現況を知る

1-1　認知行動療法とは

（1）認知行動療法の歴史と発展

認知行動療法(Cognitive Behavioral Therapy，以下 CBT)は，種々ある精神療法の歴史の中で比較的新しい治療法である。1950 年代に，学習理論をはじめとする行動科学の基礎原理に基づいて，系統的脱感作法やエクスポージャー法，バイオフィードバック法や各種オペラント技法に代表されるさまざまな技法が開発された。それらの臨床効果は特定の行動的問題に適用することを通して実験的に確かめられてきたが，その範囲は狭かった。

1960 年代後半から，考え方や信念といった「認知」が問題や症状の発生と維持に大きく関わっていることが注目されるようになり，認知的な要因を治療の中に取り入れ，個人の行動や認知に焦点を当てて働きかけることで，より大きな治療効果を得ようとする治療法が発展するようになった。うつ病に対する認知療法(Beck et al., 1979)や心理的不適応に対する論理情動療法(Ellis, 1962)，さまざまな心理的ストレスの解消を狙ったストレス免疫訓練(Meichenbaum, 1985)などがその代表といえるが，これらが融合することにより，認知行動療法として結実することになった。

いずれも，われわれの生活の中で経験する不適応的な気分や感情の問題，行動上の問題，思考・認知プロセスの問題をターゲットに，それらを合理的に解決・改善し，適応的な習慣を身につけていこうとする治療法である。これまでの他の精神療法に比べ，技法が構造化されていて理解しやすく実証的研究になじみやすいことから，「根拠に基づく医療(Evidence-Based Medicine, EBM)」の流れに乗り，欧米を中心に効果のエビデンスが次々と報告されるようになった。また，情報処理過程をシンプルに捉える認知モデルは医学モデルとも相性が良いことから，臨床現場に次々と取り入れられるようになった。

その対象疾患として，特にうつ病(軽症〜中等症)や種々の不安障害(強迫症，パニック症，心的外傷後ストレス障害(PTSD)など)で数多くの実証的効果と再発予防効果が報告されてきた。近年では，その他にも摂食障害，アルコール依存症，パーソナリティ障害，双極性障害，統合失調症など，これまで精神療法の適用が難しかった領域に適用を広げ，さらに児童期の不適応や発達障害の援助，司法精神医学領域における矯正医療，生活習慣病の予防や健康管理，看護場面での活用等，きわめて多岐に渡りつつある(坂野，2011)。現在では，EBM の発展にともなう治療効果の実証性と，ユーザー本位の医療，セルフ・ヘルプの重要性などから，児童・青年期(北川，2008)を含むさまざまな精神疾患や問題の対応に関する治療ガイドライン等で推奨されている(National Institute for health and Clinical Excellence, 2006，2008，2009，2010)。こうして CBT は，近年ではエビデンスに基づいた系統的精神療法の代表格となるに至っている。欧米にやや遅れ，わが国でも 1980 年代末頃から徐々に普及が進み，さまざまな分野へ広がりをみせてきているのは周知の通りである。

（2）CBT の基本的発想と治療上の原則

CBT は構造化され理解しやすい治療法ではあるが，その専門的能力を伸ばすには，まず他の精神療法と同様に基礎的な精神療法の技術(治療者の共感，関心，力量を示すという技量)は習得済であることが前提となる(Beck, 1995)。治療法に習熟するには一定のトレーニングが必要だが，その段階の基本は，①セッションの構造化と基本的技法および症例の概念化の基本的なスキルを習得すること，②概念化と諸技法を結びつけて選択，実行できるようになること，③患者理解のための仮説の設定と検証する能力の向上である。本章では，こうした段階を学ぶ前に最低限必要となる CBT の基本的発想と治療上の原則を概観しながら解説していくことにする(表 1-1)。

表 1-1 認知行動療法の基本原則(Beck, 1995 を一部改変)

1. すべての話題と患者の抱える問題を，常に認知的視点から概念化(事例定式化)し，それに基づいて実施される
2. 「今，ここの問題(here and now)」に焦点を当て，その解決を目指す(問題解決志向)
3. 心理教育を重視し，患者自身が自分で問題に対処できるようになることを目指す。またそれによって再発を予防する
4. 治療者と患者はチームを形成し，協働作業を通じて実証的見地から協働作業を行う(協働的経験主義)
5. 毎回の面接および初回から終結に至る流れを構造化する
6. 問題解決にあたって具体的目標を定め，その達成のために必要な技法を選択して活用する

a. CBT における問題の理解の仕方

CBT では常に患者の抱える問題を，①外界の環境(対人関係や生活環境の手がかり，刺激となる出来事など)，②行動(振る舞いや態度，行動)，③認知(考え方や物事の捉え方，信念など)，④感情や情緒，⑤身体反応，⑥動機づけという観点から構造化して理解しようとする。これを基本に，患者が自己理解を促進するとともに，非適応的な振る舞いや考えを合理的に修正するスキルを習得したり問題解決を行い，そのことを通じてセルフコントロールできる力を体系的に学べるようにすることが狙いである(坂野，2011)。

CBT の基本モデルでは，出来事そのものが気分の落ち込みや不安を生じさせているのではなく，その出来事を個人がどのようなフィルターを通して捉え(認知)，その時にどのように振る舞った(行動)のか，その結果としてどのような感情や生理的反応が生じ，それらが互いにどう影響し合っているのかという観点で捉える(図 1-1)。CBT では，すべての事象をこのような基本モデルに当てはめて問題を捉えていくのが特徴である(**原則 1：すべての話題と患者の抱える問題を，常に認知的視点から概念化(事例定式化)し，それに基づいて実施される**)。この手続きを**認知的概念化**(cognitive conceptualization)という。これは，CBT の視点から成される診断であり，患者の抱える問題を多層的，全体的に捉える作業といえる。これらは，しばしば図(認知的概念図)として提示され，患者との間で治療を通じて常に参照するいわば地図・海図のような役割を果たす。

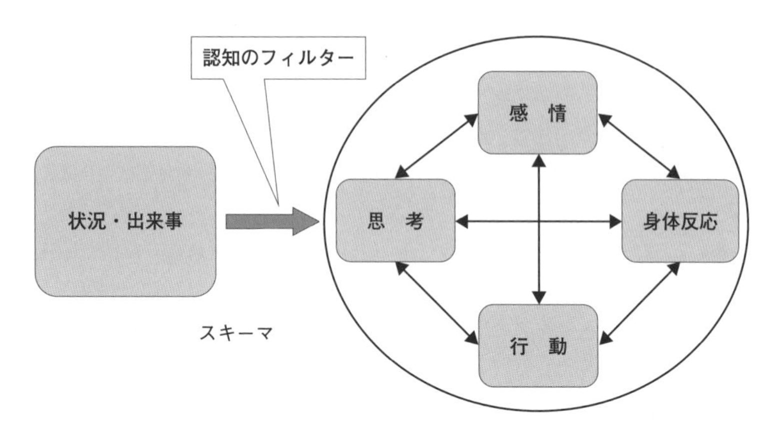

図 1-1　CBT の基本モデル

さらに，臨床で起こっているさまざまな問題では，こうしたミクロ単位の問題が，さらに次の問題を引き起こしたり，環境を刺激したり，そのフィードバックを受けたりと多層的な連鎖が生じていることが多い。したがって，個体と環境が互いに及ぼしている影響や効果がどうなっているのかという「機能」の側面からマクロ的に評価することも大切である。つまり，どのような状況や環境のもとで行動が生じ，その結果として個人が長期的・短期的にどのような結果を手に入れているのか，あるいは環境にどう影響を与えたのか，それでどのように問題が維持され悪循環が生じているのかを明らかにしていく必要がある(図 1-2)。この手続きは，行動療法における「機能分析(行動分析)」にあたる。ある問題行動が生じている環境の要因や，それを維持させている強化子を明らかにしていくことが，その問題の修正に用いる技法や関わり方を決める基礎となる。

このような分析の基本を CBT では ABC 分析と呼ぶことが多い。ただし，CBT の歴史が行動療法と認知療法という二つの源流をもとに融合発展してきた経緯から，その理論と重視する焦点は必ずしも統一しておらず，若干の相違がみられる(熊野，2012)。認知療法における ABC 分析(認知的概念化)では，Activating event(認知を活性化する出来事，きっかけ)→［Belief(信念)］→ Consequence(結果；感情や行動，身体反応)を明らかにし，その中心として物事を捉える認知の誤りや偏りという「情報処理の問題」を重視している。一方，行動療法の ABC 分析では Antecedent(先行刺激)→［Behavior(行動)

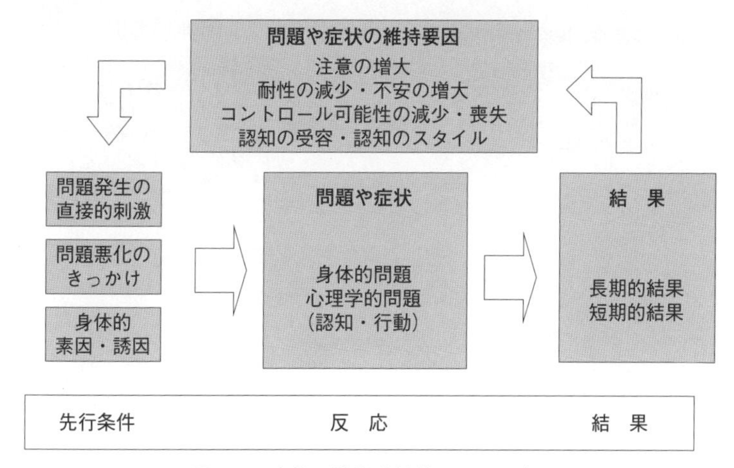

図 1-2　症状の機能分析（坂野，2005）

→Consequence（結果）］の連鎖に注目するが，そのポイントは結果によって行動がどのように影響を受けるかという両者の随伴関係（行動随伴性）を重視することにある。

いずれにしても，基本は刺激-反応（連鎖）の分析であり，対象となる問題を機能的（動的・循環的）に捉える技術であることは共通している。この分析による問題理解に基づき，どの部分にどのように手を加えれば事態が改変するのかを考え（ケースフォーミュレーション），仮説（治療計画）を立て，さまざまな技法や治療プログラムを適用し，その結果を検証し治療結果を評価するという流れがCBTの一連のプロセスである（図 1-3）。つまり，患者の心の奥底や原因を推測したり解釈したりするのでなく，認知や行動とその機能に着目し，問題を直接変容していくための技術と考えられる。過去にとらわれることなく，「今，ここで（here and now）」の問題に焦点を当て，問題解決のための仮説を立て，現実生活の中で検証していく過程は人間が持つ“学習”による変化を期待して行われ，極めて問題解決指向的なものといえる（**原則 2：今，ここの問題に焦点を当て，その解決を目指す**（**問題解決志向**））。そこには，治療しやすいところから，できるところから，どこからでも誰からでもできるという自由さがあるともいえる。

また，CBTのさらなる特徴として，人が日常で用いる常識的な観点で治療が行われ（コモン・センスの精神療法といわれる），最終的には患者自身が自分でセルフコントロールできるようになることを目標としている。つまり，患者

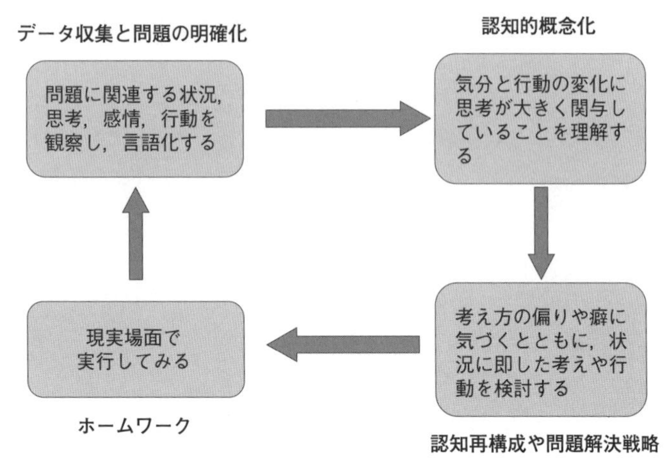

図 1-3　CBT の流れ

自身が自分の心の仕組みに気づき，人が生活していくために当たり前の技術を一定の方法を用いることで学習しやすくするためのものである。そのため，CBT では必ず心理教育の要素が重視される（**原則 3：心理教育を重視し，患者自身が自分で問題に対処できるようになることを目指す。またそれによって再発を予防する**）。心理教育では，①病態についての心理教育，すなわち，患者の心や体に何が起こっているのかを協働的に明らかにしながら，「認知」と「気分」と「行動」の関係に気づいてもらうこと。② CBT についての心理教育，すなわち，CBT がどこをどう変えるのか，「認知」や「行動」を変えることで気分が変化することに気づいてもらうことを目指す。その際，講義的にそれらを説明するのではなく，患者の体験に沿って具体的かつ双方向的に行うことが大切である。そのようにして，患者自身が自分で問題に対処できるようになることを目指し，再発予防に繋げることが狙いとなる。

b. CBT における関係のあり方の基本（協働的経験主義）

CBT の治療関係のキーワードは**協働的経験主義**（collaborative empiricism）である。これまで述べてきた CBT の一連のプロセスを進めるため，治療者と患者がいわば一つのチームを作って協力しながら問題解決に取り組み，実証的見地からその結果を検証していくという協働作業を貫く。治療者は患者を単に支持したり受容したりするだけでなく，あるいは問題解決の方法を一方的に指示したり解釈したりするのではなく，常に積極的かつ慎重に患者と相互作用を持とうとする。治療者は本人自らが問題の特徴や解決方法を発見できるように援助し，行動や認知を修正していけるよう協働作業的に関わることを基本としている（**原則 4：治療者と患者はチームを形成し，協働作業を通じて実証的見地から協働作業を行う**（**協働的経験主義**））。

そうした関係のあり方を構築し，自分で答えを発見しやすいように使われるのが「ソクラテス式質問」である。これは，パターン化されて気づかない考えなどに気づいてもらうためにCBTで頻用される独特の質問法である。「その時どんな考えが頭に浮かびましたか」「その時どんなことをしましたか」「もう少し具体的に説明して頂けますか」など，感情，認知，行動，身体症状，あるいは問題そのものがより明らかになるよう適度に制限された開かれた質問を用いる。さらに治療者は，「過去の同じ出来事とどう違うのでしょう」「いつもというと何％くらいですか」「そう考える根拠はどんなことでしょう」などと比較や数値化，根拠を尋ねる，具体化するなどの質問方略を繰り出していく。そうすることで，患者が自らに自問し，非現実的な考えなどに自分で気づけるように援助する。このことを**誘導による発見**（guided discovery）といい，CBTのすべてのプロセスで用いる必要がある大切な原理といえる。

c.　CBTの構造

これまで述べてきたように，面接の場では問題がどのようなことなのかを互いに把握し，何を対象にし，どのような方向に向けて，どのような方法を用いて取り組むと良いのか，変化を起こすためにどのような体験が必要か仮説を立てる（飯倉，1999）。そして，そのために必要な環境を整え，それをホームワークなどの形で実践してみた上で結果を確かめ，仮説を検証することを繰り返す。これがCBTの基本過程である。この過程は毎回のセッションのみならず，CBTの導入から終結に至る一連の流れを一定の形式で構造化して行うことを基本としている（**原則 5：毎回の面接および初回から終結に至る流れを構造化する**）（図 1-4）。

CBT全体をスケジュール化するときには，対象疾患の病態あるいは重症度に合わせて構造化されることが多い。原則的には，①心理教育（患者の抱える問題と維持のされ方，解決の方法を包括的に理解する；認知的概念化），②行動的介入（行動変容によって認知を変化させる，対処法のスキルを学ぶ），③認知的介入（認知に直接働きかけて修正，セルフ・エフィカシーを向上させる），④再発予防（振り返りや先々に向けた予測，セルフコントロール能力の向上）の

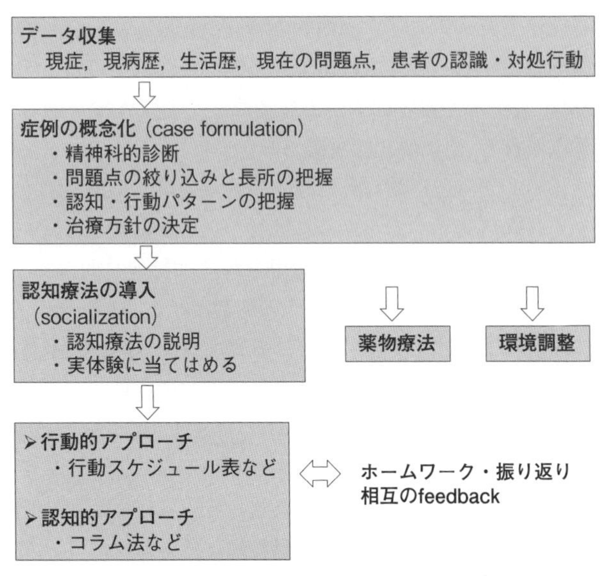

図 1-4　CBT の全体的構造(大野，2012)

要素を含むことになる。毎回のセッションでも，①導入(症状チェック，前回の復習と橋渡し，ホームワークの確認など)，②話題(アジェンダ)の設定，③話題についての検討(自己観察結果の検討，思考の同定や修正，面接目標・行動目標のさらなる具体化)，④まとめ(セッションのまとめとフィードバック，ホームワークの設定，次回の予告など)を一定の時間内で配分して行う。

この中で，治療場面外で行われるホームワークは，CBT において特に不可欠な要素である。ホームワークでの実践が欠けると治療効果が上がらないことが確かめられている。治療場面で学んだスキルを自分のものとして定着し実生活に汎化させるためには，日常生活場面での実践が欠かせない。面接場面で話し合って得られた仮説は，日常生活場面に持ち帰って検証するために行動(実験)してみることが必要である。ホームワークは患者と協力して同意の下で設定するのが基本だが，治療者の側からも，それを行うことにどのように意味があるのか，その根拠をきちんと説明し動機づけを高める必要がある。また，ホームワークがしやすいような環境作りや課題設定の工夫も重要である。この時には「スモールステップの原理」を徹底する。目標とするある行動に向けて，行動を段階的に細かく課題設定していくのがスモールステップである。その行動を阻害するような要因をあらかじめ検討し，対策を考えておくようなことも確実な実行に役に立つ。

d. CBT の技法

認知的概念化を行い，問題を査定した後，その問題解決や治療介入に必要な技法は，その目標と対象，状況によって適宜選択して使用されることになる(表 1-2)。例えば，認知の幅を広げ修正することで適応的な行動や感情を導き出すことに重きを置くのであれば，認知再構成法をはじめとした認知的な技法を中心に用いることになる。あるいは，悪循環になっている部分の先行条件をなるべくコントロールしたり，必要な行動を形成したり，不適応的な行動を減らすためには行動的技法を用いる。原則的に，現実的に困難があるときには問題解決技法などの行動的介入を行い，現実的な困難がなく想像上の問題が主であるときには認知的介入を行うことが多い。また，例えばうつ病では，疾患の重症度が重いほど，行動への働きかけにウエイトを置き，重症度が軽いほど認知への働きかけを増やしていく方が効率的であることも指摘されている。臨床的には，こうした重症度に応じた技法の適用配分も考えていく必要がある。

このように，CBT という一つの理論や技法が存在するというよりは，一つの治療体系と理解するのが妥当である。さまざまな技法が一つのパッケージとしてまとめられており，具体的な目標や問題に合わせて，その達成に必要な技法を選択して活用することが基本である(**原則 6：問題解決にあたって具体的**

表 1-2 CBT の技法

認知的技法	**行動的技法**
認知に直接働きかけて，歪んだ認知の修正を目指す	行動の変化を介して，歪んだ認知の修正を目指す
・認知再構成法	・行動の記録と計画
・スキーマの同定・修正	・達成・満足技法
・認知的リハーサル	・段階的課題設定法
・自己教示法	・問題解決技法
・思考停止法	・ブレインストーミング
・損得の勘案	・リラクセーション・呼吸法
・証拠探し	・主張訓練
	・ロールプレイ
	・生活スキル訓練
	・エクスポージャー

目標を定め，その達成のために必要な技法を選択して活用する）。

（3）治療上の有用性と注意点

上述したCBTの基本原則は，他の精神療法とも基本的に矛盾無く広く応用できる可能性を秘めている。特に臨床上有用と考えられる要素として，①治療の焦点が明確となり，ほどよい安定した治療者-患者関係を構築しやすい。②心理教育やセルフモニタリングなどを通じて治療者・患者双方が病態を客観的に捉えやすくなる。③自ら発見し，行動し，検証していく過程が自己効力感・自己コントロール感を育みやすい，④そのことは，症状の改善のみならず治療へのアドヒアランスを高めるのにも役立つ。⑤目に見える行動上の問題に対して具体的に対処しやすい。⑥心理社会的因子が疾患の経過に強く影響しているか，疾患によって二次的に問題が生じている場合に効果的に作用するなどが挙げられよう（北川，2009）。

CBTを行う際にはまず共感的な治療関係の構築が大切なことは言うまでもない。CBTは本来セルフ・ヘルプのための治療法である。当然，認知や行動の修正に執心するあまり，認知の不合理性を論駁してみたり，一方的に解決法を指示したりすることがないようにせねばならない。認知・行動・感情の関連に気づき，それをいったん言葉にしてみることが大切である。楽観性を重視するのではなく，状況に応じた柔軟性・多様性を身につけることが主眼である。治療者の役割は考え方を植え付けることではなく，自分で気づいてもらうための案内をすることである。指示するのではなく，質問したり整理したり提案することが仕事となる。また，行動を変えることで"発見"に繋げていき，その変化に気づけるように援助することが大切である。受容的な雰囲気の中で良好な治療関係を積み重ねつつ，患者の自己効力感（self efficacy）を引き出していく姿勢が重要なのである。したがって，ことさら構造化にとらわれたり，技法を硬直的に適用したりすることは慎みたいところである。

1-2　集団認知行動療法の目的

（1）個人CBTのデメリット

個人CBTがさまざまな疾患領域に対して適用され，圧倒的なエビデンスを持っていることは，もはや疑いようがない。しかしながら，個人で行うCBTにはいくつかの難点が考えられる。まず，個人CBTでは1セッション当たり

45分から長いときには90分もの時間がかかってしまう。治療全体は比較的短期なため，長期的にみれば必ずしもコストが高いとはいえないが，特にわが国の診療事情においては，外来診療の枠組みの中などで行おうとすると，費用対効果に難点が生じるのも事実である。また，CBT の技法にはエクスポージャーなど不安を喚起する手順が含まれることがあり，治療者が実施場面に居なかったり導入が不適切だったりすると，患者の不安が強くドロップアウトの原因となりかねない(集団認知行動療法研究会，2011)。

そのため，このような欠点を緩和する目的で集団認知行動療法(Cognitive Behavioral Group Therapy, 以下 CBGT)が発展してきた。すでに1970年代から，主に米国において試み始められ，Beck，A.T. の『うつ病の認知療法』(Beck et al., 1979)においても，その原型が示されている。

(2) CBGT の定義・目標

CBGT の定義は，「グループ形式で認知的・行動的介入技法を行い，参加者のコーピングを高め，問題を解決し，症状の改善を図るアプローチ(集団認知行動療法研究会，2011)」とされている。個人 CBT と同様に，さまざまな認知的技法と行動的技法を含んだパッケージ療法であり，①双方を適度に組み込んだもの，②行動的技法に重点を置いたもの，③認知的技法に重点を置いたものなどさまざまな形式のプログラムが試みられている。

認知的技法では，抑うつや不安に関連する非機能的な認知(自動思考，中核信念)への気づきとそれらの変容を目的とし，「気分のモニタリング」や「思考記録表」を用いた認知再構成法が中心となる。一方，行動的技法では，適切な行動を増やすことによって気分や自尊心を改善していくこと，もしくは，それぞれが抱える問題を解決していくためのスキルを獲得することを目的としている。例えば，うつ病患者の場合，抑うつの行動モデルをもとにした「行動活性化(活動スケジュール，快活動計画など)」や「問題解決技法」，場合によっては「リラクセーション」や「社会的スキル訓練(Social Skills Training, 以下 SST)」などを含むものまである。さらに，それらの基盤としての「心理教育」の要素も欠かせない。その内容は，対象疾患の症状，治療，経過に関するものを基礎とし，認知行動モデル，治療の介入ポイントまでを扱うことが多い。

（3）CBGT の構造

a. クローズドかオープンか

開始から終了まで参加メンバーを固定して行うか(クローズ形式)，途中からでも新たな参加者を加えていくのか(オープン形式)について，考えておく必要がある。これは，対象とする集団の質や，どのような施設やプログラムの中で本治療が行われるのかという臨床設定によっても左右される。後述するグループプロセスを最大限に活かすことを重視するのであれば，オープン形式はやや不利となる。その際には，他のメンバーの進捗に少しでも追いつくために個別のオリエンテーションを事前に行うなど，参加準備に時間を割く必要が出てくるだろう。反面，クローズ形式で行うと，開始するまでに人数が揃わなければ始められなかったり，次のグループ開始までの待機時間が長くなってしまったりするなどのデメリットも考えられる。このことについては，施設毎に目的に合わせて工夫する必要があるだろう。

b. スタッフの職種と人数

患者の人数にもよるが，リーダーとコ・リーダーの2人がいる場合が多い。リーダーが問題に積極的に関わる一方で，他方のコ・リーダーが他のメンバーに気を配ったり板書したりするなどのサポートができる。また，ホームワークのチェックやアシストを手分けして行える。職種に関しては，医師，心理専門職，看護師，作業療法士，精神保健福祉士などさまざまな職種による実践が報告されている。職種による効果の違いはこれまで特に報告がないが，わが国ではデイケアなどの場面で，多職種協働で行うことが多いと考えられる。

c. 集団構成と人数

どのような構成が効果促進的かということに関する研究は限られている。重症度にもよるが，これまでにみられている大体の報告では4～8人(治療者2人に対して)で構成されていることが多い。ちなみに，わが国の診療報酬制度では，例えば外来集団精神療法の場合には10人までという制限が設けられている。

d. セッション時間と頻度

海外の多くの CBGT の効果研究では，1回のセッションが60～120分で週1回行うものが大半である。また全体のセッション数は8～16回程度とさまざまである。Beck らは，すべての患者に十分な時間を確保し，患者も治療者も集中力が持続するには，90～120 分とするのが望ましく，頻度については週 1 回くらいが妥当と述べている(全 12～20 セッション)(Beck et al., 1979)。わが国において，集団認知行動療法研究会で行ったアンケート調査では，週 1 回で 50～120 分，全セッション 5～12 回のものまで幅がみられた。うつ病のリワークプログラムなどでうつ病を対象に行われているものでは，8～10 セッション，1 回 90 分程度のものが多いとされている(Akiyama et al., 2010)。

e. プログラムの構成内容(技法の選択)

プログラムの目標や対象疾患などによって選択する技法は当然異なってくる。詳細は各論に譲るが，CBGT の基本的な構成としては以下のものを含む必要があるだろう(図 1-5)。

① 心理教育

多くは導入部分で行われる。疾患と治療について正しい知識を伝達し，抱えている問題を理解してもらう側面と，CBGT ではそのどこを扱い，どのようなことを行い，どう変化していくのかという治療法そのものについて理解してもらう両方の側面がある。これらは，症状がどのように発生して維持されているのかという仕組みを，個別の問題に合わせて明らかにし，問題を包括的に理解し，焦点づけるために行われる。CBGT では実際の介入前に重要となる認知的概念化(または機能分析)を行いながら進めていくことが多い。

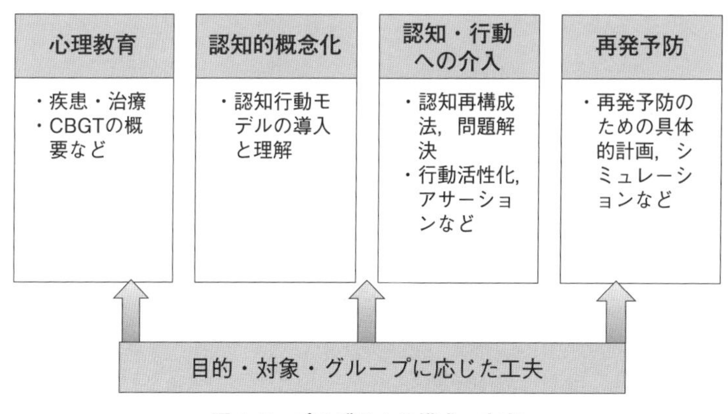

図 1-5　プログラムの構成・内容

② **行動的介入**

行動的介入は，何らかの行動的働きかけを行うことで行動のみならず認知の修正までを図ることを目的に行い，自己理解が適切に行える資料作りとしてのセルフモニタリング，リラクセーションやエクスポージャーなど何らかの行動的対処や対人スキルを向上させるスキルを身につけるための方法が含まれる。これらは，疾患毎の認知行動モデルに基づいて選択される。例えばうつ病では，適切な問題解決の手順が踏めるような「問題解決技法」や，行動随伴性をコントロールして自発的行動を増加させ気分を持ち上げることを主眼にした「行動活性化」，コミュニケーションスキルを高めるための「生活スキル訓練(SST)」や「自己主張訓練(アサーション・トレーニング)」などが行われることが多い。強迫症やパニック症，社交不安症などの不安障害圏では，回避行動を減らすための「エクスポージャー」や「行動実験」，過度な注意が固定されることを防ぐための「注意転換トレーニング」，生理的喚起を軽減するための「リラクセーション」などが中心に用いられるであろう。

③ **認知的介入**

症状の悪循環のもとになっている認知の問題を理解するとともにその修正を図る。否定的思考や破局的思考などをターゲットに，多くは認知再構成法が用いられる。

④ **再発予防**

再発予防に向けて具体的な計画を立てたり，シミュレーションしてみたり，復習を繰り返したりすることで，セルフコントロール能力を向上させ将来に備える。例えば，双極性障害の CBGT では前駆症状をあらかじめ同定し，その際の対処計画を作っておく。

f. 毎回のセッション構成

CBT の構造でも述べたように，集団の場合にもセッション毎の構造化が必要である。表 1-3 に Beck らが挙げた例を示す。ここでも示されているように初回のセッションを除くと大体のセッションでは，①症状の測定，②話題の設定，③前回のセッション後の状況確認，④前回のセッションに対する反応についての話し合い，⑤前回のホームワークの確認，⑥新たな話題の導入(理論と技法の紹介)，⑦グループワーク，⑧ホームワークの割り当て，⑨セッションの感想などと進むのが一般的である。

表 1-3　CBGT のスケジュールの例(Beck et al., 1979)

回	週	セッションの目標と方法
0	診断・準備面接	1. 集団への適性を査定 2. 期待について査定し，話し合う 3.「うつ病を克服する」を配布
1	初回セッション	1. 抑うつ症状の測定(BDI) 2. 新しいメンバーの紹介 3. 話題の設定 4. 一般的なルールの説明 5. 患者の期待について話し，治療の目標を確認 6. 治療の理論的根拠を示し，「うつ病を克服する」について話し合う 7. 患者一人ずつ，それぞれの関心について話し合う 8. セルフモニタリングと行動の結果を試す訓練に焦点を当てる 9. ホームワークの割り当て 10. セッションの感想を話し合う
2〜10	中間セッション	1. 抑うつ症状の測定(BDI) 2. 話題の設定 3. 前回のセッション後の状況を確認 4. 前回のセッションに対する反応を話し合う 5. 前回のホームワークを確認する 6. 新たな話題を導入し，その題材を基礎的な認知理論に関連づける 7. ホームワークの割り当て 8. セッションの感想を話し合う
11〜12	終結セッション	1. 抑うつ症状の測定(BDI) 2. 話題の設定 3. 前回のセッション後の状況を確認 4. 現在までの進展について話し合う 5. 終結に関して期待していることを話し合う 6. セッションの感想を話し合う

(4) CBGT のメリットとデメリット

CBT をグループで行うことのメリットは次に掲げるように多くのことが考えられる(集団認知行動療法研究会，2011)。複数の患者を同時に扱え，時間的，経済的効率性が高いことはもちろんだが，「サポート機能」「教育・モデリング機能」「強化機能」などの個人療法と異なるメリットが考えられる(鈴木他，2011)。その多くは，集団精神療法としてのグループプロセスに関わるメリットといえるものである。

① グループ体験を通して自分と似た症状を持つ人と関われる(苦痛を感じているのは自分一人ではないことがわかり，今の自分を受け入れられる)

② 悩んでいるのは自分一人ではないことに気づくことは，「自分はおかしい」と一人で悩んできた患者の認知を修正し，全般的な不安レベルを下げ，改善への動機づけを高める

③ グループメンバーで改善の目標を共有できる

④ グループメンバーから新しいスキルを相互に学べる(人の意見を参考にすることで認知パターンが広がるなど)

⑤ グループメンバーの体験をモデリングし，自己理解が深まるなど相互に強化を受けることができる(モデリング)

⑥ 他のメンバーを助け，お互いにサポートし合える(他のメンバーに助言することで自分が役に立っていると感じ自尊心が回復する)

⑦ 他のメンバーの成功を見て，次第に不安に打ち克てるというポジティブな予測ができ，治療への動機づけが高まる

⑧ 治療者への依存を減少させる

⑨ グループでの行動がスキルトレーニングの場となり，社会的な状況にチャレンジするきっかけとなる

⑩ 治療者にとっては，一度に複数の患者に治療を提供でき，時間的，経済的効率が良い

一方，デメリットとしては，個人療法に比べて十分に個別の問題を深められないことがある。特に個別性の高い問題を抱えている患者の場合にはグループで扱いづらい内容もあり得る。その場合には個人療法などでの補完が必要となるかも知れない(コラム1を参照)。また，例えば中等度から重度のうつ病は従来，集団精神療法に適さないといわれてきた。その理由として，①回復過程にある他のメンバーと比較して否定的な自己評価がさらに高まる。②自己にばかり注意が集中し，悲観的思考に固執して他人の言葉を拒絶するなど，治療的な集団プロセスを作るのを妨げるといった点が指摘されていた(Yalom,1970)。しかし，Beckは，そうした他者との比較による否定的な認知や，それらに他のメンバーが影響されて落ち込むといったうつ病患者の特徴ともいえる現象自

体が治療的介入のチャンスであり，認知的枠組みの下，「今，ここで」焦点を当て話し合うことで，自己理解や変化がむしろ起こりやすくなるとを指摘している(Beck, 1979)。経験的にも，患者は他者について判断する際には，自分自身のことよりずっと客観的で柔軟に判断しやすいものである。このことが，自分自身の非適応的な反応を見つけ出し修正することを促進する可能性に繋がることも多く，むしろメリットに挙げられるのかも知れない。

(5) 他の治療との連携の問題

例えば，英国国立医療技術評価機構(National Institute of Health and Clinical Excellence: NICE)による治療ガイドライン(NICE, 2006, 2009)では，中等症から重症のうつ病や，強迫症の治療において，有効性の確認された治療法の一つとしてCBGTの適用が薬物療法と並んで推奨されている。わが国の臨床現場では，CBGTを受けられる機会はまだまだ限られているが，その場合には医師による診察と薬物療法を受けながら，心理社会的治療の一環として並行してCBGTに参加するというスタイルが一般的であろう。また，集団精神療法と個人精神療法が並行して行われることもあるかも知れない。対象とする疾患によってCBGTが薬物療法の補助に過ぎない場合もあれば，集団が不可欠なサポートとなる場合もあり，そのウェイトはそれぞれ異なるにせよ，CBGTは多職種協働で行う治療ツールとして今後も活用が大いに期待されるものである。

このように，一人の患者に並行して複数の治療者が関わることを近年では「責任共有治療」と呼んでいる(Riba & Baron, 1999)。その利点と問題点についてはこれまでにさまざまな言及があるが，CBGTの場合はどうであろうか。CBGTの特性からその相乗的メリットにはいくつかの利点が考えられる。第一に，心理教育の要素は疾患に対する自発的取り組みを増し，薬物アドヒアランスを高める。第二に，集団における振る舞いの観察から患者の対人関係上の問題点が分かることだけでなく，セルフモニタリングや思考記録といったCBTの技法そのものからも，微妙な気分変動や個人の生活上の問題点をさらに詳細に把握しやすくなり，より正しい診断と治療に結びつく場合も考えられる。例えば，単極性うつ病から双極性障害への診断変更や，基盤にある発達障害の診断に至る場合などは稀ならずみられる。

この利点を最大限に活かすために，治療者間のオープンかつ十分なコミュニケーションは必須である。個人治療を行う治療者の側からは，患者のCBGT

の参加状況にも気を配り，面接時にはセッションの感想を尋ねたり，日常生活での実践の成果を確かめたりすることが必要である。CBGTで変化しつつある認知や行動に焦点づけ，その変化をボトムアップ的に跡づけしてより確かなものとすることで，CBGTと通常の治療が有機的に連動しやすくなると思われる。逆に，目的がはっきりしないまま機械的にCBGTに導入したり，CBGTでの治療進行を無視した薬物療法をむやみに行うことなどは，患者の動機づけを削いだり，治療チームの連携がうまく行かなくなる恐れがあり，努めて配慮しなければならない問題である。治療チームがうまく機能せず，患者の動機づけが不十分であれば，一方の治療場面でもう一方の治療者を批判するようなことが起こりやすい。そうした場合には，特に治療者同士が互いを尊重し，オープンかつ十分なカンファレンスを行うことが大切となるだろう。

1-3　集団認知行動療法のプロセス要素

(1) CBGTのグループプロセスとは何か

CBTは問題志向型のアプローチが中心であり，心の深層を推測しないことが強調されがちなことから，個人CBTにおいても，転移，逆転移などといった患者-治療者間の力動に直接焦点が当てられることは少ない印象がある。しかし，グループとなると，集団でのやり取りから必ず何らかの心理的作用が生じ，それは個人の場合に比べてさらに複雑となる。グループを扱う上でのグループ力動についての基本的知識，プロセス要素に対する配慮は重要な側面といえる。グループプロセスの定義には幅があるが，概ね参加者間の関係様式の進展や展開に何が起こっているのかということを指している(Beck & Lewis, 2000；Yalom & Leszcz, 2005)。集団精神療法のプロセスでは，メンバーと治療者間，グループメンバー間，リーダーとコ・リーダー間の相互作用などのサブシステムと，それらがグループそのものにどう影響し合うのかという全体としてのシステムが考えられるが，これらを一つの社会システムと捉え検討することは有益な視点をもたらす。グループ全体によって作り出される意図，動機，願望，欲求などのプロセスが，治療的作業に役立つこともあれば，作業を回避する反治療的方向に向かうこともある。そのためグループプロセスを検討していくことは，集団精神療法の重要な機能といえる(AGPA , 2007)。したがって，グループが適切に発達するために，治療者は何がグループの治療的要因となるのかをよく知っておくことが大切となる。

グループ内で見られる相互作用の治療的要因については，Yalom らのものが広く認められている(Yalom & Leszcz, 2005)(表 1-4)。そして，それらは CBGT の利点として先に挙げたものともかなり重なり合う。プロセス要素が CBGT の構造下でどのように治療転帰に影響するのかということに関する研究は極めて少ないが，経験上も理論上も大きく影響する可能性がある。そのため，治療者がプロセス要素に注意を払い，それらに考慮した介入を行うことは，CBGT の効果を高める上で最も重要な点といえる。

表 1-4 集団精神療法の治療的因子(Yalom & Leszez, 2005)

治療的因子	定　義
普遍性	他のメンバーも自分と同様の感情，考え，問題を持っており，自分一人ではないと認識すること
愛他主義	他のメンバーを援助することを通じて自尊心を高めること
希望をもたらすこと	他のメンバーの成功によって，自分も良くなれると思えるようになること
情報の伝達	治療者やメンバーによって提供される教示や助言
原家族経験のやり直し	自分の家族の中で経験した力動を，グループメンバーとの間で再体験して修正すること
ソーシャルスキルの発達	グループが，適応的で効果的なコミュニケーションを育む環境をメンバーに提供すること
模倣行動	他のメンバーの自己探求，課題の克服，人格成長を観察することを通して，自身の知識や技能を伸ばすこと
凝集性	信頼感，所属感，一体感を体験すること
実存的要因	人生上の決断に対する責任を受け入れること
カタルシス	現在，過去の経験についての強い感情を開放すること
対人学習—インプット	他のメンバーからのフィードバックを通して，自分が与える対人的影響に関する個人的な洞察を得ること
対人学習—アウトプット	自分たちがより適応的な方法でやり取りできるような環境を，メンバー自身で作り出すこと
自己理解	自分の行動や常同的反応の奥にある心理的動機についての洞察を得ること

(2) 集団のプロセス要素とCBGTにおける戦略

Bieling, P.J. らはCBGTの構造下で配慮すべきプロセス要素と，それらを促進するために必要なことについてまとめている(Bieling et al., 2006)(表1-5)。ここではこれを参考に，以下簡単に解説していきたい。

① 楽観主義

自分が回復していけるという期待を持てることは，おそらく良い治療転帰に関連する。このことは，CBGTに特異的なこととはいえないが，治療全体を通じて動機づけを強化するのに役立つ。そのために治療者がCBGTの治療効果そのものに関する情報を与えることもするが，プロセス要素の側面からは，メンバーが自分以外のメンバーの回復を目の当たりにすることが重要である。例えば，あるメンバーが課題の達成を報告した場合，治療者はその人の進歩や改善を拾い上げて強調するのが常である。しかし，それだけに留まらずその場でメンバーに感想を問いかけ，グループ全体でフィードバックしてもらうことを奨励するようなことは有用である。

② ノーマライズ(普遍化)

悩んでいるのが自分一人でなく，皆と似た問題を抱えていることを理解することは，メンバーの孤独感を軽減するだけでなく，改善への動機づけを高めたり，自分自身を受け入れる素地を作る。このことを促進するため，治療者はあるメンバーから症状や経験が表出された時に，他のメンバーにも投げかけて対話を促す。そして，それがその個人に特異な問題ではなく，他のメンバーの問題とも繋がっていることを示していく。そうすることで，メンバー間の共感が引き出されたり，役に立ちそうなそれぞれに固有な対策などを披露してもらったりすれば，グループプロセスはいっそう深まりやすくなる。

③ 集団学習

グループを通した学習体験は，治療者からだけでなくグループメンバーからのアドバイスやフィードバックによっても起こってくる。特に心理教育的なセッションなどでは，ともすれば治療者が一方的に講義をするような形になりやすい。情報伝達という点では目的は果たされるかもしれないが，形を示してそれに自分を当てはめていくよりは，自らの体験をモデルに即して考えながら学ぶ方がはるかに学習効果は高まる。この時にも，治療者がソクラテス式質問を用いて，他のメンバーからのフィードバックやアドバイスを引き出すようにする。そのことで，認知の幅や行動のバリエーションが生まれやすく，個人の変容がもたらされやすくなる。治療者があることを単独で一方的に強調するよ

表 1-5　集団のプロセス要素と CBT から見た変化のメカニズム（Bieling ら，2006 を一部改変）

プロセス要素	説　明	CBT の治療戦略
楽観主義	グループ自体が，動機づけを高め，問題を克服することに楽観的で希望的な見方を生む雰囲気を持つ	・治療の効果に関するデータを示す ・グループ参加に対するポジティブな強化 ・グループの他のメンバーに対するポジティブに対応することを促す ・改善したところや進歩した点を強調する ・期待を高めるためにメンバーの経験や変化を利用する
ノーマライズ（普遍化）	グループは問題を共有していることに気づくことを通して，所属感を提供し，孤立感を緩和する	・グループメンバーの症状や経験を繋ぐ ・自分たちの特有な問題や回復への試みについて，メンバー間の対話を促す
集団学習	グループが，いろいろなレベルで学習の機会を与えること	・心理教育では互いのやり取りを交えながら学習する ・ソクラテス式質問を用いてメンバーが新たな情報に気づけるよう援助する ・他のメンバーからのフィードバックやアドバイスを得られやすくなるよう導く ・展望と評価の幅を知るのにグループを使う ・治療者とメンバー，メンバー同士でエクスポージャーやロールプレイを行う
自己焦点からの転換	グループ内で，他のメンバーを助けることで焦点を自分から全体にシフトすることを促進する	・メンバー同士が互いにサポートし合い，情報や戦略を共有し，自信を回復するように促す
非機能的関係性の修正	グループが非機能的な対人関係を学び直す経験を提供する	・対人関係のパターンや自分が他者に与える影響について気づけるよう援助する ・グループ内での今現在の相互作用に焦点を当てる ・フィードバックを互いに与え合うよう引き出す ・不適応的な評価を修正する ・別の振る舞い方を奨励する ・修正的な経験をしやすくするために，エクスポージャーやロールプレイ，誤った評価や中核信念の同定 ・修正といった CBT の特異的技法を用いる
集団凝集性	メンバーが感じる集団の魅力そのものが認知的・行動的変化を促す	・グループへの毎回の出席と積極的関与を奨励する ・自己開示のための安全な環境作りを行う ・情報共有を促進する・グループメンバー間の経験や考え，感情を関連づける ・「今，ここで」のグループのプロセス要素に注意を払う
集団における感情プロセス	グループが感情，思考，行動を率直に表現したりプロセスを処理する場，介入すべき治療目標を同定する場となる	・その時，その場で感じた感情の表現を促す ・感情が特有の考えや行動パターンとどう繋がっているのかを検討する ・グループメンバーの間でのプロセスを促進する

り，グループメンバーから学ぶ方がより体験的に理解でき，定着しやすいことが多いといえる。

④ 自己焦点からの転換

Yalom ら（Yalom & Leszez, 2005）が「愛他主義」として強調しているように，他のメンバーに助言することで自分が役に立っていると感じることは，自尊心を回復する点で大変重要である。そのことはまた，それまで自分にばかり向いていた注意の焦点を他のメンバーやグループ全体の方向へシフトしやすくするという利点を持つ。したがって，治療者はメンバー同士が互いにサポートし合えるような環境作りをし，フィードバックを促すことに努める必要がある。

⑤ 非機能的関係性の修正

メンバーは，それまでの対人関係のあり方のパターンを，グループの中で同じように再現しやすい。したがって，CBGT ではそうした対人関係のあり方を捉え直す大切な機会となる。例えば，人と比較してしまいがちな認知のパターンや，相手に気を遣いすぎて適切な自己主張しない回避的な行動パターンなどである。このような認知・行動パターンのあり方に，「今，ここで」焦点を当て，CBT モデルに当てはめて認知的概念化を行うことは，格好の生きた素材となる。この際にも，治療者がグループメンバーからフィードバックを引き出したり，本人に別の振る舞いを励ましたりすることが役立つであろう。

⑥ 集団凝集性

Yalom によれば，集団の凝集性は個人療法における治療同盟と同等の意義を持つ（Yalom & Leszcz, 2005）。集団の凝集性とは，グループに安心して所属し，グループを尊重し，他者を受け入れることで一体感を持つことである。集団の凝集性を高めることは治療者の重要な役割である。凝集性の高い集団の場合，皆が自己開示しやすくなり，保護された感覚も増す。他のメンバーを受け入れやすくなり，グループからの脱落も減少させる。CBGT の場で治療者がすべきこととしては，グループのメンバー構成をなるべく均質にすること，毎回の出席継続を奨励すること，自己開示が安全にできるような環境作りを行うこと，情報を共有できるような話し合いを増やすこと，メンバー間の経験を皆に共通の問題として繋げること，「今，ここで」を重視することなどが考えられる。

⑦ 集団における感情プロセス

セッションの CBT 的な課題にまつわる作業そのものと，メンバー間に生じる思考と感情のプロセスを扱うことのバランスを取ることによって，目標に沿った方法で感情プロセスを促進することができる。特に「今，ここで」の介入は，目標となる重要な自動思考や推測，信念，行動を引き出しやすくする。

（3）CBT の構造下でグループプロセスに対応すること

これまで述べてきたように，CBT の構造下で，こうしたグループのプロセス要素に対応することは CBGT の有効性を高める上で大変重要である。この介入は，ホームワークのチェックから，心理教育的な知識の伝達，スキルの実践，次回までのホームワークの計画に至るまで，ほとんどの場面で共通している。

例えば，ホームワークのチェックは，前回のセッションからどの程度学び，どのくらい実践しているのかを知る上で毎回必須の部分である。メンバーの生の経験と学んだスキルを結びつける重要な意味も持つ。その際，一人ずつの発表に対して単にコメントするだけでは上述したグループプロセスは促進しづらい。その間，往々にして他のメンバーは「他人事」としてただ聞いているか，無関心になってしまいかねないものである。この時，他のメンバーの類似の経験やコメントを治療者が引き出すことでグループがより豊かに展開する素地ができる。皆でフィードバックして勇気づける機会にもなるし，課題を実行する上での障害に対する解決法や別の試み方が発見されることもある。周りのメンバーもまた，自身の経験と結びつけ繋げて考えることで，他者の話題に対しても興味と関心が高まり，参加への動機づけを強化することに繋がる。先にも述べたが，これは心理教育で新たに情報伝達を行う場面でも同様である。

また，CBT のさまざまな課題の実践では，人によってそれぞれ上手く実践できたり，できなかったりということもあり得る。課題を実践した後は，グループ全体でその経験を話し合っておくことが大切である。メンバーはそれぞれスタートラインや進捗度が異なっていることを確認しつつ，グループメンバー同士で互いのフィードバックを引き出すことは役に立つ。他者を助け役に立つという愛他主義にも繋がり，凝集性がさらに高まる機会となるからである。失敗によって，人と比較して悪循環に陥りやすい認知や行動のパターンが明らかになったり，そもそも持っていた全か無か思考に気づいたりすることも多い。作業が上手く行かないメンバーにとってはグループからの脱落を防ぐ意味もある。

（4）治療者の基本的な機能

集団精神療法における治療者の基本的な機能として，**運営機能**（executive function），**思いやり**（caring），**情動的刺激**（emotional stimulation），**意味帰属**（meaning-attribution）の4つが伝統的に抽出されている（Lieberman, Yalom, & Miles, 1973）。「運営機能」とは，ルール，制限，時間などグループの構造を決めて維持することである。「思いやり」とは，メンバーの幸福感や彼らが受けている治療の効果に関心を持つことを指している。メンバー同士が互いに助け合い他の人に役立とうとすることといえる。「情動的刺激」とは，感情，価値，個人の態度の表現を引き出し促進しようとする試みである。そして，「意味帰属」とは集団治療の認知的側面を指しており，メンバーらが人生を変えるために何をするかということだけでなく，自分自身やお互い，グループ外の人々を理解する能力を発展させるようにすることを指している（AGPA, 2007）。CBGTにおける治療者（リーダー，コ・リーダー）の役割については，第3章に詳しく述べられる。

1-4　集団認知行動療法の効果研究

“PubMed”によるとキーワードに“group cognitive behavioral therapy”を含む論文数は，特に1990年代以降今世紀に入ってから全世界的に増え続けているのが分かる（図1-6）。

これまでにランダム化比較試験（RCT）により有効性が確認されている疾患としては，うつ病性障害，統合失調症，双極性障害，強迫症，社交不安症，心的外傷後ストレス障害（PTSD），不眠症，慢性疼痛，むちゃ食い障害などがある。このうち，メタ分析や系統的レビューで評価が確立しつつあるものに，うつ病性障害，強迫症，社交不安症が挙げられる。

最も報告の多いうつ病については，例えばNICEの治療ガイドラインで中等症から重症例に行う高強度心理社会的介入の中に個人CBTや対人関係療法，行動活性化療法とならんでCBGTが推奨されている（NICE, 2006）。国内外のうつ病に対するCBGT研究をレビューした松永らは，① CBGTは個人CBTと同等程度の効果が確認されており，② CBGTは単独で用いても薬物療法と併用しても，抑うつ症状の改善に有用であることを報告している（松永他, 2007）。また，Fengらは，2000年～2010年の文献のうちCBGTのうつ病に関する効果研究32編を抽出しメタ解析を行った（Feng et al., 2012）。CBGTは

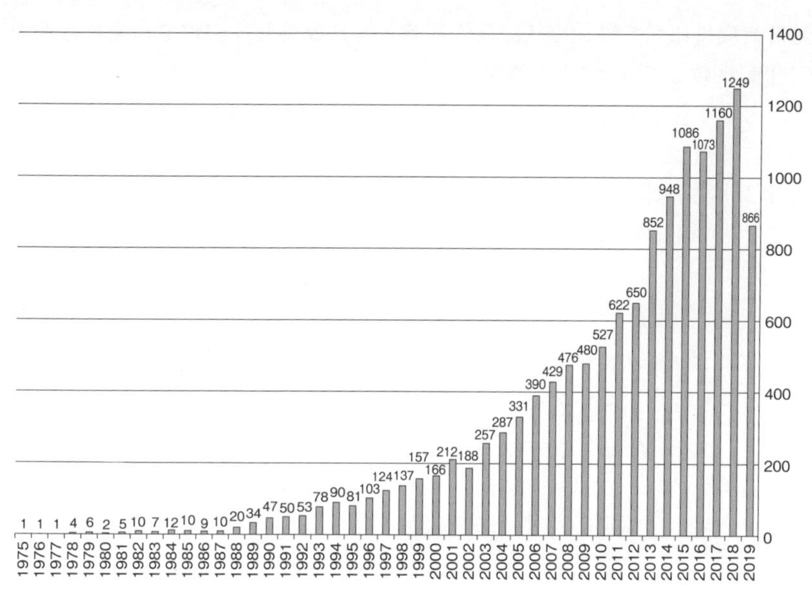

図 1-6　CBGT の論文数推移(PubMed による)

通常治療群に比べ終了後(g＝−0.40)および 6 か月後(g＝−0.38)まで有意な効果がみられ，再発率を有意に抑制していた。さらに，最近 Okumura らは，35 編の RCT を抽出したメタ解析を報告し，CBGT は他の通常治療や待機群，プラセボ治療などの治療に対し，標準化平均差(standardized mean difference［SMD］＝−0.68)と高い効果量を示し，忍容性に両群では差がなかったとした(Okumura & Ichikawa，2014)。

また，不安症に関しての効果報告も多い。例えば，NICE の強迫症の治療ガイドラインにおいては，軽症例に行う低強度の心理社会治療の一つとして曝露反応妨害法(4 章の 4－5 参照)を含む CBGT が推奨されている(NICE, 2006)。曝露反応妨害法を含む CBGT の強迫症に対する 13 編の効果研究についてメタ解析を行った Jóhson と Hougaard によると，CBGT が対照群に比べて高い効果量(1.12)を示していた(Jóhson & Hougaard, 2009)。また，Wersebe らは社交不安症(SAD)治療に関する 11 編の RCT のメタ解析を行い，CBGT が対照群に比べて中等度の効果量(g＝0.54, 96%Cl: 0.36–0.73)を有しており，NNT＝3.36 であったとその有効性を報告している(Wersebe et al.，2013)。

一方，統合失調症に関する報告は個人 CBT の効果報告に比べてまだ十分ではないが，Wykes らが 7 研究のメタ解析を行い，CBGT または個人 CBT は通常治療に比べて陽性症状，陰性症状ともに改善し，CBGT の効果は個人 CBT に匹敵していたことを報告している。

国内では効果報告は数編みられるものの（関東集団認知行動療法研究会，2011；北川他，2009），対照群を設けた比較研究はごく限られており，特に RCT レベルの報告はまだないのが現状である。今後，CBGT の実践がより盛んになり，研究報告がわが国からも増えることが望まれる。　［北川信樹］

本章のまとめ

- 認知行動療法の基本は，認知行動モデルにしたがって問題を概念化するところから始まり，それをもとに双方向的な心理教育を行う。
- その問題の質によって介入に適した技法（行動的技法・認知的技法）を選択し，生活場面でのホームワークを行い，検証する過程を繰り返す。そして，これらのセッションを構造化して行う。
- 基本となる治療関係は協働的経験主義であり，感情に十分な共感を示しながら関係を作り，誘導による発見に至らせるためにソクラテス式質問を用いる。
- 集団認知行動療法においても上記は同様だが，効果を高めるには集団におけるプロセス要素が重要である。治療者は認知行動療法の構造下でプロセス要素が促進されるよう常に気を配る必要がある。
- 集団認知行動療法の効果は，個人認知行動療法と同様，特にうつ病性障害，不安障害（強迫症，社交不安症）においてエビデンスが確立されているが，他の疾患にも適用が広がってきている。

第2章　集団認知行動療法の始め方

学習のポイント

- 集団認知行動療法を開始するにあたって具体的に必要な準備を理解する
- 集団認知行動療法のステージ及び初期段階で注意すべき点を理解する
- 集団認知行動療法における倫理的な配慮について理解する

2-1　集団認知行動療法の開始にあたっての準備

(1) スキルを身につける

筆者の所属する名古屋市立大学では，2001年よりパニック症に対するCBGTを，2003年より社交不安症に対するCBGTを導入している。これまでに合わせて500名以上のクライエントが治療を受けており，欧米の医療機関と同等の治療成績が得られている。

臨床実践の中で，多くのセラピストがCBTを習得してきた。筆者らがCBTを学ぶプロセスは，最初は記録係としてプログラムに陪席し，一通りセラピストのやり方を見学する。次に，経験のあるセラピストに陪席として入ってもらい，リアルタイムでのスーパーバイズをしてもらいながら主セラピストとしてデビューするというものであった。

このような経験から，CBGTのスキルを学ぶためには，実際のセッションを見学したうえでCBGTのやり方のイメージをつかんでおくことをお勧めしたい。確かに，CBGTに関するさまざまな有益なワークショップが各種学会の際などに開催されており，以前に比べれば学ぶ機会には恵まれているといえる。しかし，全くの初心者がレクチャーを聞いただけでCBGTを実践に移すことは難しいであろう。

また，心理的介入である以上，スーパービジョンは必須である。筆者らはリアルタイムでのスーパービジョンであったが，もちろんリアルタイムでなくてもよいと思われる。筆者の経験では，スーパーバイザーに陪席してもらうのは初心者にとって心強いのは間違いないが，リアルタイムで指導も入るため集団のクライエントの前で恥ずかしい思いをする可能性もある。

（2）説明書の作成

心理面接の実施に際しては，クライエントに十分な説明をしたうえでクライエントの自由意思で同意をしてもらう，いわゆるインフォームド・コンセントを得ることが必要である。また，インフォームド・コンセントのやりとりについても書面を作成するのが一般的である。

CBGT の実施に際してもそれは同様であり，グループに参加するクライエント全員から書面によるインフォームド・コンセントを得る必要がある。

アメリカ集団精神療法学会（The American Group Psychotherapy Association: AGPA）のガイドライン（2007）では，クライエントはもともと不安や先入観があり，口頭で説明されただけでは十分に理解できていない場合があるため，説明文書を用意して説明する必要があるとされている。その意味でも文書による説明が求められており，よりわかりやすい説明が求められているともいえよう。また，作成した説明書はスーパーバイザーのチェックを受けることが推奨されている（Corey et al., 2010）。

説明書にはどのような内容を盛り込むべきか。Corey ら（2010）は，CBT に限らず集団精神療法における説明書を作成する際のポイントとして以下の5点を挙げている。

集団精神療法における説明書を作成する際のポイント

1. 集団精神療法の基づく原理
2. 集団精神療法の目的
3. 実務的に配慮すべき点（例えば，期間，回数，1回あたりの時間など）
4. 集団精神療法の進行手順
5. 治療効果の評価方法

また，後で述べるように CBGT の参加者には，他の参加者の情報についての守秘義務に関するお願いをする必要があり，これについても説明書に記載しておくべきであろう。

さらにCorey ら(2010)によると，集団精神療法が自分にとって適当かどうかを判断するための情報として，クライエントはセラピストが誰であるかにも関心を持っている場合もあるとしている。

（3）参加者の選定

CBGT への参加希望者がいた場合，治療の適応の有無を判断するための面接を行い，適応ありと判断されれば前述の説明書を用いて治療内容等を説明し，同意を得たうえで参加してもらうことになる。

選定基準としては，治療同盟を形成しうるかどうかということが重要である(AGPA, 2007)。治療同盟は，クライエントとセラピストが治療目標や治療の枠組みについて同意が得られているときに強く形成できるとされている(Horvath & Symonds, 1991)。そして，治療同盟が精神療法の効果を予測する重要な因子でもあることを示す研究もある(Martin et al., 2000)。

Yalom ら(1989)は以下のような基準を挙げているが，治療同盟を形成しうるか否かを判断するための具体的な基準の一例であるといえよう。

集団精神療法参加者の選定基準

包含基準

・集団精神療法での課題を遂行する能力がある
・治療参加へのモチベーションがある
・集団精神療法での目標と抱えている問題が合致している
・セッションに出席できる
・途中で脱落しない約束ができる

除外基準

・集団で行動することに耐えられない
・逸脱的な態度をとる
・焦燥感が高度である
・行動が受容できる範囲に収まらない
・他のメンバーと極度に相容れない

また，AGPA のガイドライン(2007)では，NEO-FFI(NEO Five Factor Index)の施行が推奨されている。これによると神経症的性格(Neuroticism；N)が高いと苦悩レベルの高さやストレスへの脆弱性を反映し，集団精神療法が機能しないことを意味するとされている。一方，外向性的性格（Extraversion；E）が高いと外向的で他人と関わることに熱心であることを意味し，誠実性的性格（Conscientiousness；C）が高いと勤勉で欲求のコントロールができるということになり，開放性的性格（Openness；O）が高いことは新しいものに創造性を持って取り組めることを反映する，ということで，いずれも集団精神療法が奏功する可能性の高さを示唆するとされている（Ogrodniczuk et al., 2003）。

なお，上述のような選定基準は絶対的なものではなく，クライエントの参加の可否については総合的に判断すべきであろう。AGPA のガイドライン（2007）でも，適切なクライエントの治療を拒否してしまう失敗よりも，不適切なクライエントを受け入れる失敗のほうがよいとされている。

（4）グループの選定

グループを構成するための重要なポイントは凝集性である。集団精神療法における凝集性とは，参加者をグループに引き付けることであり，例えばグループに所属していることが心地よいという感覚や，グループに価値があると考えられること，他の参加者から無条件に受け入れられていることなどである（Bieling et al., 2006）。それは集団精神療法を成功させるために必要とされており（Yalom et al., 1989），それを裏づける研究もある（Dies et al., 1986）。AGPA のガイドライン（2007）でも凝集性は重要とされている。個人の精神療法においてクライエントとセラピストの関係性が重要な要素であるように，凝集性は集団精神療法において重要なのである。

凝集性を高めるためにはどのようなグループ編成をすればよいか。経験的に言われているのは，メンバーの自我の強さはできるだけ同質になるようにするとともに，問題となる領域は異質になるように構成すべきということである（Yalom et al., 1989；AGPA, 2007）。

また，人格のタイプや年齢，問題領域の異質性はグループ内での相互作用を内容豊かにするとされている（Yalom et al., 1989）。なお，性別については，男女の混成は男性にとってはグループ内での相互作用を高めるために有益だが，女性にとっては男性ほど必要ではない（Ogrodniczuk et al., 2004）。もっとも，実際にグループを編成する際には年齢や性別などまで考慮できるほど参加希望者が集まらない場合も多いと思われる。その場合は後述するようにCBGT 開始後に凝集性を高めるための工夫を凝らすべきである。

(5) 基本的な枠組み

a. グループの人数

1グループのクライエントを何人にするかを考える必要がある。セラピストが初心者であれば3人くらいまでが適当とする意見もあれば(中島ら, 2011), 集団精神療法の一般論として最低5人以上は必要という意見もある(Yalom et al., 1989)。名古屋市立大学ではパニック症および社交不安症のCBGTを1グループ3～4人で実施している。

なお, 伝統的な集団精神療法と異なり, ほとんどのCBGTはクローズドグループで行われ, 欠席は原則認められないとされている(Bieling et al., 2006)。セッションの構造化が原則とされているCBTにおいては当然のことであろう。

b. セラピストの人数

CBGTのセラピスト数は, 主セラピストと副セラピストの2名が一般的とされている(Bieling et al., 2006)。セッション中の治療者の負担を考慮すると, まず1人ではやらないほうがいいと筆者も考える。記録しながら集団のセッションを進めるのは困難と思われるし, 複数の人間とのやりとりを記憶してセッション後に記録をするというのもなかなか難しいと思われるので, 記録係の陪席は必須であろう。他に数名サブの治療者も陪席したほうがいいケースもあるとは思うが, 対象とする疾患によってはむやみに治療者を増やさない方がいい場合もある(社交不安症など)。

c. 時間

CBGTにおいては, 1回のセッションは90分～2時間とする場合が多いが, 2時間を超えるのはセラピストおよびクライエント両者にとって長すぎるとされている(Bieling et al., 2006)。

時間枠の設定は, 長時間を必要とし複数の人間が参加する集団精神療法では重要である。週1回何曜日の何時からなど固定しておいたほうがクライエントは忘れにくくなるため脱落を少なくすることもできるだろう。

d. セッション数・頻度

セッション数や頻度は対象とする疾患や使用するマニュアルによってさまざまな設定となる。中島らは以下のような設定が多いとする(中島ら, 2011)。

・セッション数：5〜12回
・頻度：週1回〜月1回

ちなみに名古屋市立大学のパニック症のCBGTはセッション数は7〜10回，週1回で施行している。

e. 場所

集団でやる以上，一定のスペースは確保する必要がある。狭い診察室では集団精神療法は困難である。さらにパニック症のCBTで行うような身体感覚曝露なども取り入れる場合やロールプレイを行う場合も考慮すると，いっそう広いスペースが要求される。

また，毎回同じ部屋を使う方が，クライエントにとっては便利であり，脱落を減らすことにもつながる。

(6) 物品

グループでやる以上は，認知再構成法などで用いるコラム表などを共有するためのツールが必要である。

名古屋市立大学ではグループ療法室に大画面テレビがあり，そこにパソコンをつないで，PowerPointやExcelなどで作成したコラム表や曝露の階層表などを画面に映している。もちろんホワイトボードやフリップチャートなどを用いて手書きする場合もある。また，プリンターも用意してあり，コラム表などを検討したのち，修正版を印刷してクライエントに渡すこともある。

改めて指摘する必要はないかもしれないが，椅子や机も必要である。コラム表などCBTではいろいろなシートに記入してもらう場合が多いため，机などはあったほうが字を書くのに便利である。

また，用いるCBTの技法の内容によっても準備するものは変わることになる。身体感覚曝露を行うのであれば，ストローや舌圧子などを用意することになるし，社交不安症でビデオフィードバックをやるのであれば，ビデオ機器なども必要になる。

マニュアルも配布しておけば，予習や復習が可能なほか，プログラム終了後も復習できて便利である。名古屋市立大学ではマニュアルはすべてPowerPointに落とし込んでいて，セッションの進行はすべてPowerPointに従って進められる。CBTにおいては各セッションの構造化が原則とされているが，各セッションのPowerPointを構造化に基づいて作成している。PowerPoint

に従って説明していくと，最初はムードチェックやアジェンダ設定から始まり，ホームワークの確認，その日のアジェンダ，それを踏まえて次回のホームワーク，最後にその日に学んだことを自身の言葉で話してもらう，という進行ができる。

（7）広報

CBGT を実施していることを周知し参加者を募集することも，継続のためには必要である。

現代では，やはりインターネットや SNS を活用することが重要であろう。筆者も大学や付属病院のホームページに参加者募集の記事を掲載しているほか，医局で利用している SNS でも参加者を募集している。インテーク面接時に話を伺っていても，「インターネットで調べて受診しました」というクライエントは増えてきている印象である。

他に，学術雑誌であれば原稿の依頼を受けるケースもあれば，投稿も可能である。筆者自身，広報活動と意図していたわけではないが，学術雑誌に掲載された論文を読んだことがきっかけで CBGT に参加された方がおられた。治療を求めているクライエントは意外にいるものである。

2-2　集団認知行動療法のステージおよび初期段階で注意するべきこと

（1）CBGT のステージ

CBGT は大きく 6 つのステージに分けることができる。グループ開始前の準備段階，初期段階，移行段階，作業段階，最終段階，そしてグループ終了後の段階である（詳細は 3 章の表 3-1 を参照）。

（2）初期段階で注意するべきこと

CBGT において，いずれの疾患を対象にするにしろ，最初の数回は疾患教育や心理教育が内容となるであろう。こうした初期段階において，集団精神療法を実施するという観点から注意すべき点を考察したい。

この段階のセラピストの課題は以下のとおりである（Corey, 2000；Bieling et al., 2006）。

集団精神療法初期のセラピストの課題

a. グループ形態の構築
b. 参加者の期待の調整
c. グループ目標の明確化
d. グループ親密性・信頼感の構築
e. 参加者のグループ初期の不安を扱う

a. グループ形態の構築

集団精神療法を始めるにあたり，全体のスケジュールやCBTとしてのセッションの構造化，集団精神療法参加に際してのルールなどについてクライエントに説明する。一定の構造が提供されることで，クライエントがセラピストに依存したり，混乱したりしないようにすることができる(Corey, 2000)。

中でも，集団精神療法のルールを説明し了解してもらうことが重要とされている。CBGTのルールのポイントは，Bielingら(2006)によると，①守秘義務に関すること，②ホームワークは必ずやってきてもらうこと，③欠席や遅刻の取り扱いに関すること，とされている。

① 守秘義務はセラピスト側には当然あるが，CBGTでは参加者も他の参加者のプライバシーに触れることになるため，守秘義務が生じる。もちろん法的な強制力がある義務ではないが，守秘義務の遵守が保障されないグループにおいては，参加者も自由に発言することが困難となり治療効果も十分なものではなくなる可能性がある。そのため，守秘義務の遵守ができない参加者には，治療中断等の厳しい対応がとられる点についても説明しておく必要がある。

② ホームワークをやってきてもらう点については，個人のCBTでも同様に重要である。さらに集団の場合はホームワークをやっていない参加者がいるとグループによる治療の障害になる恐れがあるため，よりその意義は大きなものとなる。

③ 遅刻や欠席の取り扱いについては，CBGTの場合は前述のように多くはクローズドのメンバーで行われ，各回ごとに施行する内容が決まっている。そのため当日遅刻や欠席があると，最悪その日は先に進めない場合もありうるので，急な遅刻や欠席は厳禁とする場合が多いとされる。

さらに，セッション中のルールとして，名古屋市立大学ではセッション中は批判せず，ほめる，励ますのが基本であり，攻撃的になりすぎないようにお願いしている。さらにセラピストが出勤していて連絡がとれる時間帯はあらかじめ伝えている。

また，ルールとは別に，一般的に集団精神療法の治療効果についての責任は治療者よりも参加者にあるということを明確に伝えておくべきとされている(Corey et al., 2010)。CBGT については，そもそも CBT 自体が「自分が自分の治療者になる」のが目標としているが，責任の所在についても明確に伝えておく。

上記はいずれもセッションの進行に大きな影響を与えるものであり，導入前もしくは導入時に説明し，同意を得ることが必要である。前述のように書面で同意をとるのが望ましい(AGPA, 2007)。参加後，違反された場合には，セッションの参加を中止させることも検討していいと思われる。

b. 参加者の期待の調整

CBGT の初期段階においては，クライエントはこれから取り組む新しい治療に期待をしている反面，さまざまな不安も抱えているものであり，セラピストはまずそのことを把握しておかねばならない。

クライエントには，治療効果や治療内容に対する不安があるのはもちろんだが，参加するグループそのものへの不安も大きいと思われる。CBGT に限らず集団精神療法一般において，クライエントは，セラピストも含めてグループ内の誰が信頼できるか，プライベートな話をどこまでしていいか，このグループがどれくらい安全か，といったことを絶えず考えているのである(Corey et al., 2010)。さらに，クライエントが集団精神療法に関して否定的な言動を示すことがあるが，これは不安の裏返しであり自分の考えや感情がグループ内で受け入れられるものなのかテストしている場合もあるとされる(Corey et al., 2010)。

こうしたクライエントの不安を把握するためには，自分の考えや気持ちを積極的に表現するようにクライエントを促すべきである。具体的には，CBGT に関する疑問点，集団精神療法に対して希望することや関心を持っていることなどをできるだけ表現してもらうようにするが，これはあとで述べるグループの凝集性を高めることにもつながる(Corey et al., 2010)。

実際，名古屋市立大学における CBGT，特に社交不安症の場合は最初の数回は多くの参加者が高い不安感を訴える。そもそも対人場面が苦手ということもあるので当然なのかもしれないが…そのため，集団精神療法中には自分の気持ちや考えを十分に表現できない可能性があるため，短時間の個人面接を行う場合もある。

c. グループ目標の明確化

目標がはっきりしていればCBGTへの参加へのモチベーションが上がることは明らかである。よって，初期段階において各クライエントが集団精神療法の中で達成する目標，すなわち，何を治療したいのか，ということを明確にしておくべきである(Corey et al., 2010)。

そこで，クライエントが目標を設定するのを援助するのがセラピストにとって重要な仕事となる。クライエントがCBGTへの参加を強く希望していても，具体的に達成するべき治療目標が明確でない場合がしばしばあり得るからである。

初心者のセラピストほど技法の適用に焦ってしまい，治療目標が明確でないことや目標についてクライエントとの合意が得られないままになっていること等，十分なケースフォーミュレーションができないままになっているというケースがしばしば見られる。CBTにおけるケースフォーミュレーションの重要性はいうまでもないことだが(Kuyken et al., 2008)，それは集団で実施する場合でも変わらないと思われる。

d. グループ親密性・信頼感の構築

グループの親密性・信頼感を高めるための原則がAGPAのガイドライン(2007)において示されているが，CBGTの初期段階でも適用できそうな原則は以下の通りである。

原則1：治療への期待を調整し，グループルールを明瞭にし，グループに効果的に参加し，集団凝集性を高めるために求められる適切な役割と技能をメンバーに教える，という事前準備を行うこと。

原則2：グループリーダーは，初期の数セッションのグループプロセスを明瞭なものにすべきである。なぜなら，初期構造が高水準であることは，あとの段階で自己開示と凝集性が高まることの予測因子だからである。

また，グループまたはグループのメンバーに対する信頼感やグループの親密性は，グループの参加者が自分の考えや感情を積極的に表現することにより得られる可能性がある(Corey et al., 2010)ことも先ほど述べたとおりである。

ただし，一般的に，参加者同士の会話の中で極端に問題解決モードに走ったり，ことさらにアドバイスをあげようと焦ることはむしろマイナスとされている（Corey et al., 2010）。これは治療者と参加者のコミュニケーションにおいても注意しておいたほうがいいのかもしれない。

もちろん，グループの親密性・信頼感は段階的に形成されるものであり，初期段階のみで完成するものではないことはいうまでもない。

e.　参加者のグループ初期の不安を扱う

集団精神療法に参加すること自体がそもそも不安を喚起するものである（AGPA, 2007）。名古屋市立大学でも，CBGT の初期段階における不安の解消のためにいろいろな方法を試みてきており，今回はそのいくつかをご紹介したい。もちろんこれらのすべてが毎回奏功したわけではない。

●第１回セッションで最初にクライエントに不安感のパーセンテージを聞き，最後にもう一度聞いて実際に下がるかどうかを確認する。不安感が下がっていた場合は，「次回来院するときも最初は上がるとは思うがまた下がるはずだから来てくださいね」と伝える。

●セラピストが話しているときに「どれくらい緊張しているように見えますか」とクライエントに質問する。クライエントはほとんどの場合，「全然緊張していないように見える」と答えるが，多くの場合，セラピストも 50〜60％は緊張しているので，正直に話すとクライエントは驚くとともに少し安心することが多い。

●ホームワークを全員で検討する際には，きちんとできそうなクライエントに話題を提供してもらう。CBGT においては，セッションの最初にホームワークを確認するが，その際に指名しても大丈夫そうな人をチェックしておく。

疾患によってもセッションのペースは違うものであろう。パニック症なら比較的短期間で凝集性が形成できるだろうが，社交不安症だとなかなか難しいかもしれない。社交不安症の CBGT の初期段階は心理教育が中心ということもあり，クライエントの発言は少なく，お通夜のような雰囲気になる。リラックスさせようと放った冗談もたいていは滑り，それをリカバーしようと思いつくことを喋ってみてもほとんど反応はない…。

名古屋市立大学の社交不安症のCBTは2001年，当時の古川壽亮教授がオーストラリアで研修を受けてから導入したものであるが，かの地でも，参加者の社交不安症という疾患の性質からして，最初は治療者がしゃべってばかりの心理教育的な形で始まるそうである。

その他，初期段階に限ったことではないが，沈黙や間が悪い時間帯はいかなる集団精神療法においても起こりうるといわれている。参加者が自分がどうすればいいかを考えていたり，グループ内で何が起ころうとしているかを考えていたりする時間帯が存在するからである(Corey et al., 2010)。

2-3　集団認知行動療法における倫理的な配慮

金沢は臨床心理士の職業倫理の原則として次の7つを挙げている(金沢，1998，2006)。

職業倫理の7原則

第1原則：相手を傷つけない，傷つけるようなおそれのあることをしない
第2原則：十分な教育・訓練によって身につけた専門的な行動の範囲内で，相手の健康と福祉に寄与する
第3原則：相手を利己的に利用しない
第4原則：一人一人を人間として尊重する
第5原則：秘密を守る
第6原則：インフォームド・コンセントを得，相手の自己決定権を尊重する
第7原則：すべての人々を公平に扱い，社会的な正義と公正と平等の精神を具現する

以下CBGTにおいて，これらの原則がどのように反映されるかを見ていく。

(1)第1原則：相手を傷つけない，傷つけるようなおそれのあることをしない

セラピストがクライエントを意図的に傷つけるような行為をすることはまずないであろうから，意図しないところでクライエントを傷つけてしまう可能性がある状況が問題となる。

金沢(2006)は意図せずクライエントを見捨てる結果になりうる場合について触れており，クライエントをリファーする場合とセラピストが急に休む場合を

挙げている。CBGTにおいて，「見捨てられた」という感覚を惹起する可能性があるのは，参加者を平等に扱いきれない場合であろう。具体的には前述したように発言の多い参加者に時間をとられすぎる場合である。倫理的な意味でも参加者に平等に対応することが求められている。

また，集団精神療法一般のリスクにつき，Kottlerは以下を挙げている(Kottler, 1994)が，これはCBGTの場合も例外ではない。

・言語的な虐待はメンバー間のやりとりがあるため個人療法よりも集団精神療法の方が起こりやすい
・グループのリーダーがメンバー間を統制する力には限界がある
・メンバー選定やスクリーニングが十分でない場合，集団精神療法にとってマイナスとなるクライエントが参加する恐れがある

(2) 第2原則：十分な教育・訓練によって身につけた専門的な行動の範囲内で，相手の健康と福祉に寄与する

セラピストは受けたトレーニングと経験の射程を超えた治療を引き受けることは避けるべきである(金沢，2006)。例えば，個人でのCBTのトレーニングを受けた経験があるからといって，集団のCBTもできるようになっているかというと，必ずしもそうではない。別のところでも述べたように，CBGTでは通常のCBTのリテラシーに加えて，集団のマネジメントの能力も要求されるからである。

また，CBTに関する研究成果についても熟知しておき，治療効果を高めるために活用するなど研鑽を怠らないこと，心理検査の施行方法を順守すること，自分の知識・技術を誇張しないこと，場合によっては他の専門家に紹介することなどは個人療法の場合と同様に遵守する必要がある。

(3) 第3原則：相手を利己的に利用しない

多重関係(クライエントと治療関係以外に商取引関係や性的関係などをもつこと)を避ける。多重関係はセラピストによるクライエントに対する搾取的な関係につながりやすいからである。またセラピストも治療関係以外の関係が加わると，臨床家としての判断が客観性を失う可能性があることなども多重関係を避けるべき理由である(金沢，2006)。

もちろん，こうしたことはCBGTでも例外ではなく，セラピストが遵守する必要のある原則である。集団精神療法の場合は参加者が複数いるため，さら

に注意が必要となる。

（4）第4原則：一人一人を人間として尊重する

一人一人の個人に対して敬意を払って行動することであり，クライエントを冷淡にあしらったり欺いたりしないことや，適切な自己開示なしに過度の距離をもってクライエントに接したりしないことなどである（金沢，2006）。

さらにCBGTにおいては，セラピストだけでなく，参加しているクライエント全員もお互いを同じように尊重できるようにしておく必要があるだろう。

（5）第5原則：秘密を守る

公認心理師などの心理専門職については法的に守秘義務があるのはいうまでもないことである。

CBGTでは他のメンバーのプライベートな情報にも触れることになるので，参加者にも守秘義務が生じることになる。前述したように他のメンバーの情報に関する守秘義務の重要性などはセッションの最初に伝えることになるが，グループセッション進行中であっても適切なタイミングで強調すべきであろう。

（6）第6原則：インフォームド・コンセントを得，相手の自己決定権を尊重する

十分に説明したうえで本人が合意することのみを行う。相手が拒否することは行わない（金沢，2006）。

プログラムの開始前にインフォームド・コンセントを得るだけでなく，セッション中に新しく技法を導入する場合も，それを用いる根拠を詳しく説明する。また，Coreyら（2010）は，参加者がグループ内で何を共有し，どんな活動に参加するかを決定する権利をセラピストが守る必要性を指摘しており，個人の自己決定権を乱すような集団の圧力や個人の自尊心を傷つけるような活動に対して敏感にならなければならないとしている。

（7）第7原則：すべての人々を公平に扱い，社会的な正義と公正と平等の精神を具現する

クライエント一人一人を独自の人格として扱う。一人一人に合ったアセスメントや介入などを行うことや，差別や嫌がらせを行わないことなどである（金

沢，2006)。

CBGT においても，繰り返し指摘したように同じグループのクライエントは公平に扱わねばならない。第1原則に記載したような集団精神療法のリスク，例えばクライエントの言語的虐待などによる差別や嫌がらせが起きないように注意する必要があろう。

(8) 認知行動療法施行上の配慮

各回の集団精神療法は時間通りに開始し終了するとともに，安全でプライバシーが保たれた空間で行い，注意をそらしたり邪魔が入るようなことがないようにするべきである(Corey et al., 2010)。

各セッションの終わりには，そのセッションにおいて考えたことや感じたことを参加者に話してもらう時間を設けておく。これは CBT の場合は構造化されているものである。このとき，集団精神療法がクライエントにどれくらい役立っているか評価してもらうことも有益である。 [小川 成]

本章のまとめ

- 集団認知行動療法を開始するにあたっては，クライエントへの説明書の作成，場所の確保等事前の準備が必要である。また参加してもらうクライエントの選別がセッションの適切な進行を可能にするために重要である。
- 集団認知行動療法の初期段階では，クライエントはみな不安が強い状態であり，配慮が必要である。
- 事前には，集団精神療法のルールや他のメンバーに関する事実の守秘義務を説明して，書面で同意を取る等の配慮をする。セッション中には集団精神療法が持つリスクについても適宜配慮していく。

第3章　スタッフの役割とスキルトレーニング

学習のポイント

- 集団認知行動療法を担当するスタッフの役割について理解する
- 集団認知行動療法を担当するスタッフが身につけておくべきスキルを学習する
- 参加者のタイプや特徴に合わせたスタッフの働き方について学ぶ

3-1　スタッフの役割

（1）Yalom のモデルに基づいたスタッフの役割

CBGT のモデルには，Yalom, I.D. のグループプロセスに重点を置いたモデルと，Burlingame, G.M. のリーダーシップに重点を置いたモデルの2つがある(Bieling et al., 2006)。Yalom が述べる集団精神療法における最も基本的な技術の原則は，「今，ここで」起きていることに焦点を合わせることである(Yalom & Vinogradov, 1989)。つまり，セッション内で自然発生的に生じるさまざまな要素に注目しながら，参加者に気づきや変化を促すように働きかけるアプローチといえる。スタッフは，ある参加者が感情を喚起させた瞬間を捉え，参加者同士の発言を繋げることで相互作用を促す。そして，参加者が「今，ここで」起きた感情体験を味わい，目の前で展開されたことの意味を理解できるように働きかける。セッション内で発生する多くの出来事から，その場で何を取り上げ，どのようにディスカッションを深めて，グループを展開するのかを考慮する視点が，スタッフには求められる。

（2）Burlingame のモデルに基づいたスタッフの役割

一方，Burlingame のモデルに基づいた集団精神療法では，Yalom の「here & now(今，ここで)」の視点によるグループプロセスに加えて，教育的な集団精神療法の色合いが強くなる(Bieling et al., 2006)。CBT を集団形式として実施する場合には，比較的，短期間の構造化されたグループ構成となることが多い。CBGT では，定められた期間内に CBT の基本的な知識やスキルを学習する側面も持ち合わせるため，グループをいかにファシリテートするかというスタッフの役割が必然的に大きくなる。

認知(考え)と気分や行動の悪循環の仕組みを理解してもらうなどの心理教育，行動活性化や認知再構成法などのスキルの学習，エクスポージャー(曝露)のトレーニングなどを行う教育的な部分と，参加者同士が体験を分かち合う集団精神療法としての機能の配分を考慮しながら，かつ，時間内に収めるように進行するリーダーシップが必要とされる。本章では，Burlingame のモデルに基づいたスタッフの役割について紹介する。

3−2 スタッフ間の役割分担

アメリカ集団精神療法学会の集団精神療法実践ガイドラインでは，グループスタッフの 4 つの基本的な機能は，**運営機能**(executive function)，**思いやり**(caring)，**情動的刺激**(emotional stimulation)，**意味帰属**(meaning attribution)と定義している(AGPA, 2007)。つまり，グループのルールや時間管理に沿ってなんらかの逸脱を調整したり，参加者同士が互いに思いやりと関心を持って関わろうとするグループの雰囲気を作ったり，参加者の情動を活性化させたり，情動が喚起されたその出来事は自分にとってどのような意味があったのかを振り返ってもらったりすることが，グループを担当するスタッフの役割となる。

参加者一人一人の反応に目を配り，これらのきめ細やかな介入を行うには，スタッフ一人では充分にその役割が果たせないこともある。その場合には，複数のスタッフを配置して役割を分担することで，より円滑にグループを進行することができる。複数のスタッフ配置が可能な場合には，グループの進行を担うリーダーとリーダーをサポートするコ・リーダーを置く。

(1) リーダーの役割

リーダーは，グループの最初から最後まで同一人物を置くことが望ましい。そのグループの責任者としての役割を明らかにするために，グループの開始時には，参加者に対して自分がリーダーの役割を担うことを述べ，グループ参加時に生じた悩みや不明点については遠慮なく相談するように伝える。グループでは，主に講義を担当したり，ディスカッションを進行する役割を担う。

(2) コ・リーダーの役割

コ・リーダーは，リーダーの進行をサポートする役割を担う。例えば，講義のポイントや参加者の発言内容をホワイトボードに記録したり，ワークシートを配付したりするなどの物理的なサポートから，リーダーが安心してグループ進行できるよう時折に助け船を出す（または，いざという時にはコ・リーダーに助けてもらえると感じる）精神的なサポートまで，コ・リーダーの役割は大きい。スタッフが協力して一つのグループを作り上げようとする雰囲気は参加者にも伝わるものであり，スタッフ同士の協働の姿勢はとても大切である。

コ・リーダーは，講義や演習時の参加者の様子に目を配るようにする。内容を理解できていない者，疑問を感じている者がいた場合には，示唆を与えたり，リーダーに質問するように促して早期の解消に努める。

また，グループディスカッション時には，参加者同士の相互交流の様子に目を向ける。例えば，親との関係がうまくいっていないと感じている参加者が「自分がいても親に迷惑をかけるばかりだ」と発言した際に，他の参加者が何かを言いたげな素振りを見せたとする。リーダーがその素振りに気づかずに進行してしまいそうな時には，コ・リーダーは「他の参加者の意見を聞いてみましょうか」などとリーダーに声をかけて，参加者同士が交流を図れるようにサポートする。

3-3　スタッフに求められる3つの関わり

本節では，CBGT を担当するスタッフが担うべき「教育的な関わり」「集団精神療法としての関わり」「CBT のセラピストとしての関わり」の3つの側面について解説する。

(1) 教育的な関わり

スタッフには，参加者の理解度に合わせて，CBT の基本的な知識やスキルを分かりやすく解説する力が必要とされる。主治医に勧められてなんとなく参加した人もいれば，自己学習を深めた上でグループに臨む参加者もいる。理解度の異なる参加者に対して，時折に説明の仕方を変えながら臨機応変に対応するためには，スタッフ自身が CBT に関する知識を深めておく必要がある。

グループでは，基本的には初めてCBTを学ぶ人にレベルを合わせて，基礎的な内容をきちんと理解してもらうことに努める。また，グループの事前説明を行う際にも，その旨をきちんと参加者に伝えて共有するとよい。

スタッフには，参加者の興味や関心を逸らさないように，かつ，分かりやすくプレゼンテーションすることが求められる。そのため，専門用語を多用せずに，簡便な言葉に置き換えて説明したり，参加者が語った体験を認知行動モデルに当てはめて解説するなど，いわいる「お勉強」にならずに，ライブ感を持って学習できるようにする。また，イラストを折り混ぜた読みやすいテキストを作成したり，みんなで一緒に考えてみようと促したり，自ら体験できるような演習を用意して，参加者のモチベーションを高めるように工夫する。

（2）集団精神療法としての関わり

グループを行う際のスタッフの基本的な関わりとしては，参加者に対して平等に目を配ること，均等に発言を求めることなどが挙げられる。それによって，グループを活性化したり，参加者に生じる不公平感を緩和することに努める。また，緊張の高い参加者には個別に声をかけたり，本人が自信を持って答えられそうな内容を選んで質問することで，本人が発言できる機会を作りながら，少しずつグループに馴染んでいけるようにサポートする。さらに，参加者同士が良好な関係を保てなくなりそうな時には早期に介入を行い，グループの輪に戻れるように働きかける。これらの関わりはCBGTに限らず，他の集団精神療法を行う際にも共通するスタッフの関わりといえる。

（3）CBTのセラピストとしての関わり

CBGTでは，個人療法でCBTを行う時と同様に，CBTのセラピストとしての関わりを重視する。

a. アジェンダ設定

まずは，その日のセッションのアジェンダを設定する。個人療法として行うCBTでは，患者の概念化(ケースフォーミュレーション)に沿って各面接のアジェンダを設定するが，CBGTの場合には，予め定めたカリキュラムに沿ってセッションを進行することが多い。スタッフはグループ開始時にその日に学ぶ内容やポイントを説明して，参加者と共有する。

b. guided discovery（誘導による発見）

CBTでは，guided discovery（誘導による発見）を重用する。ガイデッド（guided）とは，スタッフが一方的に「こうしなさい」と指示したり，誘導尋問によって相手に答えを出させるアプローチではない。例えば，旅行中に添乗員が客の手を無理に引っ張って目的地に連れて行こうとするツアーでは，参加者は時折の風景を楽しんだり，その土地ならではの草花を発見して驚いたりすることはできない。そうではなく，相手のペースに合わせながらも，大切なポイントで足を止め，自らがそれを味わい観察できるようなガイドを行う必要がある。CBTでは，「この点は重要であり，深く掘り下げると良い」とか「この点に気づいてもらうことが本人の変化に繋がる」と思うような所で留まり，参加者に質問を投げかける（guided）。参加者はスタッフが投げかけた問いに答えていく過程で，「もしかしたらこういうことかもしれない」と気づきを得たり，「こうすればよいかもしれない」と解決策を見つけたりしていく。では，参加者は何を発見（discovery）するのかというと，自分の中で生じている悪循環の仕組みであったり，自分を苦しめている考え（自動思考）であったり，問題の解決方法であったりする。本人自らがこれらに気づいた時には，新鮮な驚きと強い関心を持って，その気づきを深めていこうとするだろう。

c. 症例の概念化に基づいた重要な認知や行動への焦点づけ

CBTでは，悪循環を引き起こしている認知や行動に焦点を当ててアプローチする。そのためには，スタッフは事前に参加者の症例の概念化（ケースフォーミュレーション）を行い，各参加者の重要な認知や行動に当たりをつけておくようにする。そして，グループの中で順次それらを扱っていく。個人療法としてCBTを行う場合と違い，1回のセッションですべての参加者の重要な認知や行動を扱うことは到底できない。しかし，複数回あるセッションの中で，その日のテーマに近い参加者の認知や行動にスポットライトを当てる（題材として取り上げる）ことは可能である。参加者Aは「所詮，自分はうまくいかない」と考えて，途中で投げ出してしまうパターンを有し，参加者Bは自分の状況や考えを伝えるスキルが不足しているために，人間関係のストレスを溜め込んでしまうというパターンを有していたとする。その場合，例えば，認知再構成法を行うセッションではAさんが演習時に作成したワークシートの内容を取り上げ，アサーションを行うセッションではBさんに積極的に発言を求めたりする。このように，スタッフが参加者の重要な認知や行動をきちんと把握していれば，グループの中でタイミングを逃さずに，本人の変化に向けた方略を選択できるし，その参加者に合った認知行動的技法を強調することができる。

d. ホームワーク

ホームワークを活用することもCBTの重要なポイントである。個人療法でCBTを行う際には，その日に話し合った内容に沿ったホームワークを決めるが，集団精神療法の場合にはどうしても一律な課題設定になりがちである。そのため，スタッフは，参加者の誰もが無理なく行えるホームワークを設定したり，ホームワークの内容に幅を持たせたりして(例；「気分が落ち込んだ時の状況を一つ書いてくること」を基本のホームワークにして，もう少しできそうな場合には「その時の考え(自動思考)も記録する」など)，参加者が落ちこぼれ感を持たないですむように配慮する。

3-4 集団認知行動療法のステージとスタッフの役割

グループにひろがる温かな雰囲気は，一朝一夕に生み出せるものではない。協働的な雰囲気を作り出すためには，スタッフはグループの各ステージに応じた役割を一つひとつ丁寧にこなしていく必要がある。また，スタッフが参加者に配慮して，より良いグループを作ろうとする姿勢は参加者に伝わるものである。それによって良い連鎖が発生して，参加者自身も「グループに参加しよう」という意欲や「グループのメンバーとして役割を担おう」という動機を高める。

CBGTは大きく6つのステージに分けることができる。グループ開始前の準備段階，初期段階，移行段階，作業段階，最終段階，そしてグループ終了後の段階である(表3-1)。それぞれのステージの内容とスタッフの仕事について見ていく。

(1) グループ開始前の準備段階でのスタッフの役割

グループを開始する際には，諸々の準備が必要となる。グループが適応となる患者をリクルートしたり，事前面接を行って現在の症状や参加の動機を確認する。また，グループ開始前にスタッフ同士でミーティングを行い，担当箇所の割り振りを行ったり，参加予定者の症例の概念化(ケースフォーミュレー

表 3-1　CBGT のステージとスタッフの役割

ステージ	ステージの内容	スタッフの仕事
1	グループ開始前の準備段階： グループの構築	・リクルート ・スクリーニング ・グループ前ミーティング ・グループメンバーへの連絡など
2	初期段階： オリエンテーションと探索	・グループ形態の構築 ・参加者の期待の調整 ・グループ目標の明確化 ・グループ親密性・信頼感の構築 ・参加者のグループ初期の不安を扱う
3	移行段階： 抵抗への対処	・集団精神療法に参加させる動機となった問題に取り組めるように参加者を援助する ・グループの不安，抵抗，仲たがいを扱う
4	作業段階： 団結と生産性	・参加者がさらに活動的な役割を果たせるようにする ・フィードバックや強化を与える ・参加者同士のやり取りを促す ・グループの治療的なプロセスに気づき，行動変容につながるように働きかける ・変化についての動機づけを行う ・グループ内で気づいたことや学習したことを実際の行動に結び付ける
5	最終段階： 解決と終結	・変化を励ます ・グル―プ体験をプロセスする ・適切な時に，将来使えるリソース（資源）について触れる ・グループで学んだスキルなどを普段の生活に活かすためにはどうすればよいかをグループ内で話し合う ・グループ終了後も引き続き目指すことのできる目標について話し合う
6	グループ終了後：	・これから発生すると思われる障害を同定し，対処法を検討する ・将来に向けてのリソース（資源）について考える ・希望する参加者に対して，個人のフォローアップを行う予定を立てる

ション)を共有する。そして，テキストやワークシートの印刷や部屋の予約など，グループを運営する上で必要な準備を進める。例えば，参加予定者にグループの開始日の連絡が行かずに本人が不安になってしまうことは，起こりがちなミスである。細々とした準備が多いため手抜かりが起こりがちであるが，これらの作業を丁寧に行うことが，参加者を温かく迎え入れることに繋がる。

（2）初期段階におけるスタッフの役割

グループの初期段階では，まずグループとしての形態を構築することが何より大切である。参加者同士は初対面である場合が多いため，スタッフが想像する以上に，不安や緊張を感じていることも少なくない。そのため，自己紹介を行ったり簡単なレクリエーションを取り入れて，グループの緊張感を解いていく。また，「最初はみんな緊張して参加しているが，セッションが進むにつれて，少しずつ参加者同士が知り合いになり仲間になっていく」ことを伝えてグループの成長を暗示し，「焦らずに時間をかけてグループに親しんでいけばよいのだ」と感じてもらえるようにする。

次第に場に馴染んでくると，参加者は「どういう人たちが集まっているのだろう」と他の参加者に対して関心を示すようになる。自己紹介の際には，各参加者が抱えている問題や悩んでいる症状などを無理のない範囲で話してもらうようにする。参加者は，「自分の抱えている辛さは人には理解してもらえない」と考えて孤独感を感じていることが多いが，自分と似たような問題や症状を抱える人がいることを知ると安心感を得るものである。スタッフは，「参加者は個別の問題を抱えているが，各自が抱える問題の解決に向けて努力している点は共通している」ことを伝え，参加を決意した勇気を讃え，グループへの所属感を少しずつ培っていく。

また，「どうしてグループに参加したのか」という目標を参加者に述べてもらう。中には，「グループに参加すれば，長年患っているうつ病が治ると思った」など，CBTや集団精神療法に対して過度な期待を抱いて参加する人もいる。本人の期待を損なわないようにしながらも，参加者の期待とグループが提供できる内容とを調整し，グループが目指す方向を参加者と共有する。

また，スタッフが参加者間の会話を橋渡しすることで，参加者同士が話すきっかけを与えながら，参加者同士の親密性を構築していく。こうした働きかけは，特にグループの初期段階で行うが，その後の集団の凝集性に影響を与える。

(3) 移行段階におけるスタッフの役割

親しく話せる相手がグループ内に見つかったり，スタッフとのちょっとした会話を楽しみにするなど，参加者がグループに対するモチベーションを維持する要因はさまざまであるが，この時期には参加に対する不安は徐々に薄れ，自分の居場所が少しずつでき上がってくる。この段階では，グループに参加する動機となった問題に各自が取り組めるように，スタッフは援助を行う。例えば，他の参加者の体験を自らの体験と重ね合わせたり，逆に双方の相違点に目を向けたりできるように，スタッフは参加者に働きかける。

この時期になると，参加者の発言の頻度に偏りが生じてくる。参加者の中には，自分の経験について時間をかけて話す人もいれば，話を振っても一言，二言しか話さない人もいる。参加者が各自のペースで参加するうちに自然にこれらの配分ができて，居心地の良い空間ができている場合は良いが，「本当は自分のことも取り上げて欲しいのに」という不満や不平が燻り出す場合もある。そうすると，参加者間に不公平感が生じて，参加者同士の関係性が崩れるリスクが生じる。そのため，基本的には，スタッフは話す量や話題を振る回数などはできるだけ均等になるよう配慮して進行する。ある参加者が話し過ぎたり，話が本題から逸れた場合には，スタッフは「今のお話を整理すると…」と途中で声をかけて，話の内容をまとめ直して本来のテーマに戻すように働きかける。

また，うまく集団に溶け込めていない参加者がいる場合には，グループ終了後に個別に声をかけて，グループに参加した感想や困りごとなどを尋ねるようにする。グループ内では話せないこと(例えば，他の参加者との関係で困っているなど)を抱えている時には，本人も「スタッフに相談すべきかどうか」と悩んでいることもあるため，早期の介入に繋げることができる。

この時期には，自分の問題に向かい合うことに抵抗を示す参加者も出てくる。また，自由に意見が言い合える雰囲気ができ上がると，参加者同士の意見が対立したり，特定の参加者の発言が強すぎたりして，グループ内に不和が生じる場合もある。スタッフは，グループ内に生じるそれらの変化を見逃さないようにする。参加者同士の意見が対立して緊張感が走ったとしても，スタッフは「一つの出来事に対してはさまざまな見方があるし，それを安心して言い合えるような関係ができつつある」ことを評価し，それぞれの意見を尊重しながら，お互いが本当に伝えたかったポイントを確認する。そして，その後のディスカッションに繋がる部分を明確化して，建設的にフィードバックする。このようなスタッフの関わりを見て，参加者はたとえ自分が相手と異なる意見を述べたとしても，スタッフが介入してくれることを知り，グループに対する安心感を増すようになる。

（4） 作業段階におけるスタッフの役割

グループの中盤では，参加者がさらにグループ内で活動的な役割を果たせるように働きかけ，変化に対する動機づけを高めていく。ある参加者が問題解決に向けて一歩踏み出すことができた場合には，グループ内でそれを取り上げて共有するなど，他の参加者のモチベーションの向上や行動変容に繋がるように働きかける。

また，この時期には，より積極的に参加者同士のやりとりを促していく。参加者同士が自由に意見を言い合えて，建設的なディスカッションが進んでいる場合には，スタッフはリードを控えて，話し合いの繋ぎ役として機能するようにする。そして，各参加者の経験をできるだけ引き出すような質問を行う。初めは，参加者は「自分の体験など大したことがない」とか「こんなことを話しても役に立たない」と感じている場合が多い。しかし，スタッフが関心を持って参加者の体験を尋ね，それに対して他の参加者が関心を示したり，「参考にしてみたい」という発言が聞かれるようになると，お互いがお互いの適応的な行動を強化しあう連鎖が生まれていく。こうした雰囲気ができてくると，自分の体験を語った参加者は「自分も人の役に立つことができる」と感じたり，「自分の対処法は意外によかったのかもしれない」と自信を持つことができる。

また，同じ病や似たような辛さを体験した参加者の発言は，スタッフが同様のアドバイスを行う時よりも，はるかに説得力を増し貴重な意見として尊重されることが多い。また，「あの参加者にできたのならば，自分も試せるかもしれない」と感じて，実際の行動変容に繋がりやすくなる。こうして，グループ内で生じた気づきや学習内容を実際の生活に般化させる行動へと結びつけていく。

（5）最終段階におけるスタッフの役割

グループの最終段階では，スタッフは参加者の各目標に向かって，引き続き変化に向けた行動が取れるように働きかけていく。また，これまでに学んできたCBTのさまざまなスキルのうち，どれが自分の問題の解決に活用できそうかをディスカッションする場も作るようにする。そうすることで，参加者が学んだスキルを自分のものとして使いこなしていけるようになる。つまり，座学としての学習を普段の日常生活に応用していく力を養う時期ともいえる。

グループが終わることに対して，不安を感じ始める参加者が出始めるのもこの時期である。スタッフや仲間と離れてしまうことへの寂しさや不安を感じている場合には，それらの気持ちを語ってもらい，他の参加者の気持ちも聴きながら，グループ全体でそれらの感情を共有する。また，グループ終了後には，「グループの参加者同士」という枠組みを超えて，友人や仲間といった大切なリソース(資源)になりえることを伝える。

(6) グループ終了後のスタッフの役割

一つのグループが終了した後には，可能であればブースターのセッションを持つようにする。参加者同士が顔を合わせて近況を語り合う場を提供できるとともに，CBT の考え方やスキルをもう一度復習することにも繋がる。

集団の場では扱いきれなかった問題を抱えた参加者に対しては，その後の受け皿に繋げられるように配慮する。例えば，主治医にグループでのご本人の成長やフォローしてほしい点を伝えたり，個人療法として行う定型的な CBT にリファーしたり，問題が起きたり症状が悪化した際のフォローアップ面接の予定を相談したりする。

3-5 スタッフが身につけておくべきスキル

CBGT では，集団の作用を最大限に活用しながら，いかに治療的な方向にグループを成長させるかがポイントとなる。特に重要なのは，個々の参加者の主体性を尊重しながら，参加者が抱える問題や課題の解決に向けて参加者同士が一緒に考えようとする姿勢，すなわち，グループ内の協働関係をいかに構築するかという点である。では，グループで参加者同士が協働関係を作り出すために，スタッフはどのような働きかけを行い，どのようなスキルを身につければよいのだろうか。

(1) CBGT を行う上でスタッフが身につけておくべきスキル

CBGT を実施する上で，どのタイミングでどのスキルを選択して用いるかについては，スタッフがいくつものグループを経験して，少しずつそのスキルをブラッシュアップしていく必要がある。しかし，これらのスキルは経験則でのみ高めることができるのではなく，トレーニングによって学習できる部分もあるし，他のグループを見学したり，スーパービジョンを受けることで，優れたグループ進行を学ぶこともできる。

グループを運営するスタッフには，マルチタスクをこなす力が求められる。例えば，会場を見渡して，複数の参加者の言語的，非言語的なコミュニケーションの様子を観察したり，各参加者の発言や演習時に書いたワークシートの内容などから，本人がどういうプロセスを辿っているのかを把握するといった包括的な視点が必要である。「グループ全体の動きを見る」ことは，最初はなかなか難しいが，スタッフ同士が協力することで，その役割を分担していく。

以下にCoreyらが紹介しているスキルを抜粋して紹介する(Corey et al., 2008, 2011)が，ここに挙げたスキルはどれも個別的なものではなく，重なり合った部分を持つ。そのため，それぞれのスキルは相補的に向上させていくことができる。また，これらのスキルは集団精神療法に限定されたものではなく，各種の個人療法とも共有するため，日々の臨床経験によってスキルアップを図ることができる。

① **積極的傾聴**(active listening)

グループを進める上で大切なスキルは，参加者たちの発言内容や，表情や声のトーンの変化といった非言語的な要素から，本人が伝えようとするメッセージを注意深く読み取って理解するスキルである。グループを進行する上では，1対1の面接場面と異なり，複数の参加者から発せられる情報に目を向ける必要があり，グループ全体の進行について気配りをしなければならない。「この参加者の発言が終わったら，次は誰に発言してもらい，どう進行しようか…」と考えていたりすると，つい，目の前の参加者の発するメッセージに耳を傾けることが疎かになったりするので注意する。

他の技法と同様に，積極的傾聴にもさまざまなレベルがあるが，まずは，参加者が言葉で述べた内容と非言語的な表現(姿勢や身振り手振りなどのジェスチャー，声の調子など)の一致(または不一致)に目を向けられるようになるとよい。例えば，ある参加者がとても辛い体験について語りながら，笑顔を浮かべているとか，「夫は優しくて立派な人です」と語っていても，気のないような無関心な声のトーンであるなどである。また，スタッフが積極的傾聴を示すことで，「相手に関心を持って話を聞くとはどういうことか」を参加者に示すこともできる。

② 反射(reflecting)

反射とは，参加者が述べた内容のポイントや感情を伝え返すスキルである。これもグループの進行に慣れていないと，参加者の発言をただ黙って聴いていたり，相槌を挟むのが精一杯になってしまう。また，反射にもさまざまなレベルがあり，相手が言った発言をそのまま繰り返す方法(下記スタッフ①)もあれば，相手の発言の核心(分かって欲しいポイントや感情)を反射する方法(下記スタッフ②)もある。例をあげると，

参加者：今日はグループに参加するのを辞めようかと思っていたのです。なんだか退屈だし…それに最近，参加しても何かの役に立つと思えないのです。

スタッフ①：退屈だし，役に立たないと感じて，今日はグループに来たくなかったのですね。

スタッフ②：グループに参加しても何かを得ることができないのではと考えて，落胆されているように聞こえますが。

スタッフが，参加者の発言に現れた(または発言の裏に隠れた)感情やそれらに関連する認知(考え)に焦点を当てた反射を行うことで，CBT ならではの視点でアプローチすることができる。

③ 明確化(clarifying)

明確化は，発言中の不明確な表現をより適切と思われる表現に言い換えたり，本人が薄々気づいてはいるけれど，まだはっきりと意識していない点を言語化(意識化)することである。例をあげると，

参加者：母に対して怒りを感じているし，もう母には会いたくないと思っています。母は私にいつも厳しく接していました。叱られる度に，母の言うことを聞けない自分はダメだって責めていたのです…だって，母のことが本当に好きだったし，いつも母に認めてもらいたいと思っていたから…

スタッフ：母親に対する怒りと愛情の 2 つの感情を抱えていたのですね。

明確化を行うことで，発言した本人への気づきを促すと共に，その発言を聴いていた他の参加者に対しても，何がポイントであったのかを示すことができる。

④ **要約**(summarizing)

要約は，グループの要所要所でよく用いられるスキルである。セッションの開始時には，前回のセッションで学んだことを要約してから，当日のテーマに話題を繋ぐ。また，セッション中にも要約のスキルは用いられる。例えば，発言している本人が途中から何を伝えたかったのか分からなくなってしまったり，話が冗長になってしまう場合には，聴いている他の参加者も混乱してしまったり，理解が伴わずに飽きてしまうことがある。その際には，スタッフが内容をうまく要約することで，ディスカッションの軌道修正が可能になる。セッションの終了時にも，参加者に今日のセッションで学んだことを述べてもらいながら，スタッフがポイントを要約するようにする。

⑤ **共感**(empathizing)

共感とは，参加者の言語的，非言語的な情報をもとに，参加者の主観的な世界を感じ取ることである。スタッフが共感的理解を示すことは極めて重要であるが，特定の参加者に対して深く同一視しすぎたり，他の参加者に無理に共感を求め過ぎることがないように配慮する。スタッフは，発言者が体験している世界を躊躇なく描写できるよう，共感を示しながら発言をサポートする。一方で，本人が語った内容世界に巻き込まれることなく，他の参加者にも分かる形でそれを客観的に提示していく。

⑥ **質問**(questioning)

グループでは，スタッフは質問を上手に活用しながら参加者に働きかけていく。質問は個々の参加者に対するものだけでなく，全参加者に投げかけるような質問もある。例えば，「しばらく沈黙が続いているようですね。他に何か言いたいことはありませんか？」というような質問である。これらの質問は，今，グループ全体に何が起きているかを参加者に示し，振り返るきっかけを与えることができる。

また，個々の参加者に対する質問では，開かれた質問(open question)や閉ざされた質問(closed question)を場面に応じて自由に使い分けたり，本人をguided discovery(誘導による発見)へと誘うソクラテス式質問を用いる。ソクラテス式質問についての詳細は別著(堀越他，2012)を参照されたいが，ソクラテス式質問はCBTでよく使われる質問技法である。

グループでは，本人を苦しめている認知と気分，行動，身体症状の関連に気づいてもらう必要があるが，例えば，「急に不安になったということですが，その時どのような考えが頭に浮かんでいたのでしょうか？」と自動思考に焦点を絞って語ってもらうソクラテス式質問を行う。また，自動思考の根拠や反証を探る質問(例；「何をやってもどうせ失敗するとおっしゃいましたが，そのように思う理由をいくつか教えていただけますか？」)，好ましい対処法や解決方法に目を向けるような質問(例；「このような場合，あなたはこれまでどうやって対処してきたのか，具体的に教えてくれませんか？」)など，グループのいろいろな場面でソクラテス式質問を用いることができる。

グループでは，ある参加者にソクラテス式質問を行うことで，その人自身に自分を苦しめるパターンを発見してもらうと同時に，それを聴いている他の参加者にも，自らの体験に照らし合わせて考えてもらうといった，2つの効果を期待できる。

⑦ **繋げる**(linking)

参加者同士の発言を繋ぐことによって，グループならではの化学反応(気づきや発見)を引き出すことができる。例えば，ある参加者Aが「完璧に振る舞わないと，人から見下されてしまいそうで怖いのです」と述べた際に，参加者Bが深く頷いたとする。スタッフは，そのサインを見逃さないようにして，次に参加者Bに対して発言を求め，気持ちや体験を語ってもらう。二人を繋げることで，彼らに共通する自動思考のパターンについて，グループ全体でディスカッションすることができる。この際，同じ意見を持っている参加者同士の発言を繋げることもできるし，あえて，別の意見を持っている参加者と繋げることで，違う視点を引き出すこともできる。また，参加者同士の発言を繋げる際には，質問を上手に活用するとよい。例えば，「Aさんが発言した際に，Bさんは大きく頷いていたようですが，Bさんはどのように感じたのでしょうか？」というようにである。

⑧ **支持**(supporting)

支持は治療的なアプローチであるが，一方で，時に逆効果を示す場合もある。スタッフが行いがちなミスとしては，参加者自身が充分に葛藤したり，辛い感情を体験する前に，スタッフがすぐに支持を示してしまうことである。スタッフが支持のタイミングやポイントをよく考慮しないと，参加者自身が体験すべき感情を味わい尽くせないままに，グループが表面的に流れてしまう。また，スタッフから過剰な支持を与えられることに慣れてしまうと，「スタッフの支持がないと先に進めない」という依存関係ができてしまったり，ポイントやタイミングを外して支持が与えられた場合には，本人は「表面的に励まされた」と感じてしまう場合もある。

では，支持を示すポイントはどこにあるかというと，参加者自身が危機に直面している時，彼らが一歩踏み出すことに怖れを感じている時，変化に向けて進めているのに本人がそれを実感できていない時，今までの悪循環のパターンを崩そうと，もがいている時などである。これらのタイミングを逃さずに与えられた支持は，本人の背中を押す役割を果たし，本人が本来体験すべきことを妨げるようなことはない。また，グループでは，ある参加者の発言に対して，参加者同士が共感したり支持を与え合う機会を大切にするため，スタッフが焦って支持を与えて，先取りしてしまわないように注意する。

⑨ **阻止**(blocking)

プライバシーを根掘り葉掘り尋ねるような行為，噂話や信頼感を損ねるような言動がグループ内に発生した際には，スタッフは即座にそれらを阻止する必要がある。スタッフがきちんと介入することで，グループで守るべきルールを参加者全員で再確認できるし，いざという時にはスタッフがきちんと対応してくれるのだという安心感を参加者は得る。そのため，グループの初期段階では，とりわけこれらの介入は大切であるといえる。グループの最中にそのような行為が見受けられた場合には，スタッフはタイミングを逃さずにその行為を取り上げ，今，どういう意図でそう言ったのか(そういう行動を取ったのか)を冷静に尋ね，他の参加者に説明してもらうようにする。この介入は言われた本人を守ると同時に，言った方も悪気なくそのような言動を行っていた場合には，それを釈明し謝罪する機会をつくり出すことになる。

⑩ **評価・査定**(assessing, evaluating)

スタッフは，さまざまなアセスメント能力が必要とされる。グループにある患者を入れるかどうかという査定から，除外した際のリファー先の検討など，評価とそれに応じた対応を適切に行うことが求められる。また，セッションの最中には，参加者の状態や症状，疲労の程度などをアセスメントすることも大切である。

個々の参加者を評価する他に，グループ全体を見てプロセスを評価する視点も大切である。グループに今何が起きているかを把握して，今，どのような介入を行うことが，本人の，またグループ全体のためになるかを考慮し，数ある介入方法の中から最も適切な方法を選択する。そのような評価や査定を常に繰り返しながら，スタッフは丁寧にグループを進行していく。例えば，参加者が怒りの感情を抱いている場合，その感情をグループ全体で取り上げることがグループプロセスを促進させるかどうかを判断したり，取り上げる場合には，どうしたら安全にかつ適切に本人に表出させることができるのかを考えたり，他の参加者と共有するポイントはどこかを検討する。

⑪ モデリング(modeling)

参加者はスタッフの言動をよく観察しているものである。そのため，スタッフが誠実な態度で振る舞い，適切な言動をグループ内で示すことは，高いモデリング効果を期待できる。スタッフが参加者を一人の人として尊敬の念を持って接したり，心を開いてオープンな態度を示すことは，参加のモチベーションを高めるだけでなく，例えば，「私も身近な人に対して，このように接したい」という参加者の目標になることもある。また，グループ内でもめ事や混乱が起きた際にスタッフが冷静に仲裁したり，必要に応じて爽やかに自己開示したり，他のスタッフと協働する姿勢などは，参加者が日常生活のコミュニケーション場面で問題に遭遇した際に，「あの時のスタッフのように振る舞えばよいのだ」というひとつの指針になったりする。

⑫ 提案(suggesting)

時間的な制約があり，かつ，複数の参加者がいるグループでは，本人の自発的な気づきをひたすら待っているだけでは，時間ばかりが経って先に進めないことが起こりえる。そういう時には，スタッフが具体的な提案を行うことで，参加者の認知や行動の変容に直接的に働きかけることができる。一方で，グループでは，参加者自らの気づきを促すことを重要視する。「こうするとよいでしょう」「こうしたらどうですか」という直裁的な提案は，時に参加者が自分で検討し，気づいていくプロセスを奪ってしまうことにもなりかねない。そのため，提案を行う際には，上手くタイミングを図って効果的に機能させる。例えば，参加者本人が自分なりにあれこれと考えて，「こうしてみようかな」という気持ちが生まれた際に，タイミングを逃さずに本人の行動を強化する提案を用いる(例；「それはとてもよいアイデアですね。それを来週までに試してみたらどうでしょうか」)。

⑬ **終結**(terminating)

終結には2つのポイントがある。一つは，各セッションの終了時にスタッフがどうまとめるか，もう一つは，グループ全体が終結を迎える際にスタッフがどのような働きかけを行うのかである。各セッションの終了時におけるスタッフの関わりは，その日に学んだことや感想を参加者に述べてもらいながら，スタッフがその要点をまとめる。そして，今日のホームワークがなぜ必要で，次回のセッションにどのように役立つのかを説明する。

また，グループが終結を迎える際には，最終セッションの少し前からグループが終わることを周知し(例；「グループも残り2セッションとなりましたね」)，参加者に少しずつ心づもりを促す。また，最終セッションでは，グループで習得した内容やその程度は各参加者によって異なるが，それぞれの参加者が自分の言葉で語れるようにサポートする(例；「このグループで何を学んだか，お一人ずつ述べていただけますか」「グループに参加する前と今では何が違いますか？どのような小さなことでもよいので教えてください」)。さらに，フォローアップセッションを準備できる場合には，その情報を伝えたり，その後の対応についてコンサルテーションが必要な場合には，個人面接を行ったりする。

3-6 参加者のタイプに応じた対応

CBGTを実際に始めてみると，いろいろなタイプの参加者がいることに気づくものである。スタッフには，それぞれの参加者のタイプを見極めて，柔軟に対応することが求められる。表3-2は堀越が分類した参加者のタイプ別の対応をまとめたものである。

(1) 寡黙・沈黙タイプ

グループでは目立たずに参加することを好むタイプの参加者がいる。時間どおりに来室するし，演習にも取り組むので，参加に対するモチベーションが低いわけではないと思われるが，何しろ自発的な発言がなく，ひっそりと参加する。寡黙・沈黙タイプの参加者の割合が多いグループだと，スタッフはグループの進行に難儀し，どうにか発言を促そうと必死になったり，時にユーモアを

表 3-2　参加者のタイプと介入のポイント

参加者のタイプ	特徴	介入のポイント
寡黙・沈黙タイプ	・グループでは目立たず黙って座っていることを好む	・自発的発言が苦手なだけで，話すきっかけさえがあれば参加できる人には，本人に直接，質問を投げかける ・他の参加者が語った経験を本人の経験と結びつける ・時が熟すのを焦らずに待って，本人の経験や考え感情などを話してもらう
横柄タイプ	・グループの時間を独占する	・封じ込めの技法を使って，グループの時間をバランスよく使うよう促す ・初めは，質問や視線などを使って切り上げるタイミングを示す ・最終的には，さらに直接的な方法を使って抑制する
援助者タイプ	・頻繁に有益な，時には有益ではない助言を与える ・「我々は…」，「私たちは…」と言うような，一般的な意見が多い ・他の参加者の問題に焦点化して自分のことは話さない	・自分のことを話したり，自分の経験に応用するように励ます ・助言が有益である際には，それが本人の問題にどう関係するかを話してもらう ・助言が無益である場合には，他の参加者にも意見を聞いて繋げていく
懐疑者タイプ	・実際には，集団精神療法の効果を信じていない ・すでに，何度も CBT を受けている ・治療者や療法に対して挑戦的な発言をする	・抵抗役を演じるので，論争に巻き込まれないようにする ・他人を責めずに自分の責任や選択へ目を向けさせる ・抵抗に対する方略を用いる
流れ者タイプ	・グループへの参加が安定しない	・欠席などによる他の参加者への影響をグループの中で話し合う ・必要ならば，個人面談の機会を設ける
不適格者タイプ	・なんとなくスクリーニングの網を潜り抜けてしまった ・他の参加者と異質の問題を持っているなど，グループで浮いてしまう ・他の参加者の害になるような態度を取る	・マネジメントや封じ込めの手法などを使う ・本人が求めていることが，グループの目的と異なることを明らかにし，参加して得るものがあるのかに焦点を当てて話し合う ・他の参加者にとって大きな障害となる場合には，別の治療選択を提示したり，参加を一時中断・中止する

交えて場を盛り上げようとして空回りしたりする。

寡黙になりやすい原因としては，場面に対する緊張や不安が高かったり，学習に自信がないために発言できなかったり，または，スタッフやグループに対する不平や不満を態度で示しているなど，いろいろな要因が推測される。グループの初期には，スタッフは参加者をよく観察してその要因を探るようにする。

自発的発言が苦手なだけで，話すきっかけさえあれば輪に入れそうな参加者に対しては，まずは本人が容易に答えられそうな質問や，短いフレーズで答えられそうな質問をして，少しずつ発言の機会を作る。また，他の参加者が語った経験を本人の経験と結びつけていく(例；「今のAさんの発言と似たような出来事をワークシートに書かれていたようですが，Bさんが書いたことを教えていただけますか？」)。グループに慣れるペースは人それぞれであるため，スタッフはあまり焦らないようにして，本人の経験や感情を話してもらうタイミングを計る。

(2) 横柄タイプ

長い時間を独占して，自分の経験をしゃべり続けるタイプの参加者がいると，スタッフはその対応に手を焼く。最初が肝心であるため，グループの説明会の際などに，「セッションの時間には限りがあるため，みんなが均等に参加できることが大切であること」，また，「それが守られない場合には，スタッフが声をかける場合もあること」を口頭や文書で伝えて，共通理解の土台を作る。そうすると，スタッフもそのルールに立ち戻って注意しやすくなる。それでも話が長くなってしまう参加者に対しては，視線で合図を送って気づきを促したり，話が切れたタイミングでスタッフがカットインして要約したり，別の参加者に話題を振るために質問したりする。それでも話が切れない場合には，「他の参加者の話もお伺いしたいので，そのあたりで一度お話を切り上げてくださいますか？」とさらに直接的な方法で抑制する。砂時計などを置いて，一人あたりの持ち時間を示すなどの工夫を行うこともできる。

(3) 援助者タイプ

このタイプは，グループには積極的に参加するのだが，他の参加者に助言を与えて回って，なかなか自分の問題に向き合うことができない。「我々は」，「私たちは」というような一般的な意見に終始し，なかなか自分の体験や感情について話すことができなかったりする。このタイプの参加者に対しては，自分の問題に向き合えるようにサポートすることが必要である。他者に対する助言の内容が有益である場合には，スタッフはそれを認めて感謝を示すとともに，その助言が本人の問題にどう関係するかを話してもらう。また，助言が一般論になりすぎる場合には，スタッフは「そういうこともありますね」とさらりと扱って，他の参加者の意見を聞くために話題を繋げていくようにする。

（4）懐疑者タイプ

このタイプは，主治医に勧められてグループに参加してはみたものの，実際には集団精神療法の効果を信じていなかったり，何度もCBTや別の集団精神療法に参加して，「精神療法とはこんなもの」という思いを抱いていたり，もっとアグレッシブな場合には，治療者や治療法に対して，時に挑戦的なことを発言したりする。このタイプへの対応法としては，挑発に乗らず論争に巻き込まれないよう注意することである。治療者や治療法に対して懐疑的な発言をした場合には，率直にそれを伝えてくれたことに対して感謝を伝え，本人の誤解を解く必要がある部分に関しては，正しい情報を伝えるようにする。また，他の参加者も直接は言わないけれども，同じような気持ちや不満を抱えていそうな場合には，他の参加者にも発言の機会を与え，その場でディスカッションの題材として取り上げるようにする。他の参加者の発言に対して懐疑的な態度を強く示した場合には，スタッフが仲介して論点を整理したり，悪意を感じるような発言は，それを制すようにする。いずれにしても，スタッフ同士が事前に対応の方針を話し合って，共通の対応を行うように心がける。

（5）流れ者タイプ

このタイプは，気が向いたらグループへ参加するといったスタンスで，来たり来なかったりと参加が安定しないタイプである。このタイプについては，「グループは参加者とスタッフが協力して積み重ねて作っていくものであること」，また，「基本的には毎回出席できる程度に症状が快復していることが参加の条件であること」，「欠席する際には理由を事前にスタッフに連絡をすること」などのルールを説明会の際に示して共有する。また，欠席の連絡があった場合には，他の参加者に対しても差し支えない範囲で理由を伝え，「理由なく休んでも良い」という雰囲気をつくり出さないようにする。あまりに休みが続く場合には，欠席が続くことによって生じる，本人および他の参加者に対する影響について，本人と話し合うようにする。

(6) 不適格者タイプ

このタイプは，なんとなく開始時のスクリーニングの網を潜り抜けてしまい，グループが始まって初めて，グループにはそぐわないことが分かり，スタッフが慌てることが多い。例えば，本人が抱えている問題が，他の参加者とあまりに異質であるためグループで浮いてしまう（うつ病ということで紹介されたが，実際にはアルコールの問題がメインであるなど），または，他の参加者を傷つけるような批判的な態度を露わにするなどである。本人の悩みがグループの目的と大きく乖離する場合には，本人にとっても参加のメリットが薄いため，そのことを率直に伝えて，参加を継続するかどうかを話し合うようにする。また，他の参加者にとって大きな障害となる場合には，参加の一時中断または中止など，本人にとってもっとも望ましい治療の選択肢を提示する。

［田島美幸］

本章のまとめ

- Burlingame のモデルに基づいた集団認知行動療法では，スタッフにはグループをファシリテートするリーダーシップが求められる。
- 集団認知行動療法では，グループの進行を担うリーダー，リーダーをサポートするコ・リーダーを配置し，お互いが役割分担をしながら協働する。
- スタッフに求められる3つの関わりは，教育的な関わり，集団精神療法としての関わり，認知行動療法のセラピストとしての関わりである。
- 集団認知行動療法には6ステージがあるが，各ステージに応じてスタッフの役割は変化する。
- グループ進行する上での基本的なスキルは，積極的傾聴，反射，明確化，要約，共感，質問，繋げる，支持，阻止，評価・査定，モデリング，提案，終結である。
- 参加者のタイプを見極めて，特徴に応じた介入を行う必要がある。

Column 1.

集団認知行動療法の効果を高める個人面接

（1）CBGT の弱点を補完する個人面接

CBGT が費用対効果にすぐれた診療形態であることに疑いないが，実際の臨床における治療は集団精神療法内だけで完結する訳ではない。CBGT には集団の持つ利点が数多くある一方で，一人にかけるフィードバックが少ないという弱点があり，個人療法に比べ個別の認知的概念化を十分に深められなかったり，スキルを十分定着させづらいことなどが考えられる。また，個別性の高い問題を抱えている患者の場合などグループで扱いづらい内容もあり得るだろう。このような弱点を補い，より CBGT の効果を高めるために，補完的な個人面接が重要である。CBGT 担当者が並行して個人面接を行う形式も考えられるが，日常臨床場面では，医師の診察，デイケア・スタッフとの個人面接，生活・就労相談場面での面接，他のプログラム内での関わりなど多様な場面が存在する。CBGT に参加してもらうだけで満足するのではなく，プログラムへの参加を経て得た気づきや発見を臨床場面の随所で一本の筋として統合し，対処法を共通の土台として定着させていくことは，CBGT の効果を補完し高める手続きとして重要である（北川，2018）。

患者は通常の悩みや困難を相談する際に，CBGT で学んだ方略をすぐに使える訳ではない。また，それが本人にとって適応に関わる重要なテーマをはらむ問題であったとしても，集団内では当たり障りのないエピソードしか語らず，重要かつ個人的な問題を CBGT 外の面接で解決したがることもある。その内容は，集団との関わりに関する悩みや苦痛，疾患スティグマにまつわることなど，まさに今後の適応に関わってくる問題が多い。そのような問題に個人面接で関わる際に，CBT の方略を用いずに単に支持的に接するか，「周りの人はそう思っていないと思うよ」などと安易な保証を行うことは，その場しのぎにしかならず，本人の先々の適応向上には繋がらないことが多い。せっかく CBGT を行っていても，その効果は半減してしまうといえるのである。

（2）個人面接での対話のあり方

短い面接時間の中で CBGT の効果を高めるために，まず効果的なコミュニケーションをもとにした強固な治療同盟の構築は欠かせない。過度に教育的なやり取りはもちろん，短時間ですぐに何かを修正しようという試みは患者に圧力と緊張を与えてしまう。したがって，ここでもソクラテス式質問を用いた協働的な関係が基本となる。Padesky(2003)は，guided discovery(誘導による発見)の4段階として，①情報を得られるような質問を尋ねる，②共感的に傾聴する，③要約する，④「統合型」または「思考切り替え型(handover)」の質問を尋ねる，を挙げている(David, 2013)が，いずれも短時間の面接では重要であらためて参考になる。このプロセスをCBGTを補完する面接に当てはめると，まずプログラムへの参加やホームワークの実践で気づいたことについて焦点づけ，その鍵となる体験の具体例を聞く(①)。そうした気づきや発見，実践できたことを共感的にフィードバックし(②)，発見したことを要約することで新たな課題や視点を得る(③)。そして，検討した新たな情報を患者のこれまでの問題や信念に当てはめて理解の深化を促す(④)というプロセスとなる。ここでいう「統合型」または「思考切り替え型」の質問とは，「これについてどう理解しましたか？」「何か気づいたことはありますか？」「このことは気持ちを切り替えるのに役立ちそうですか？」「これを今後にどう活かしていったら良いと思いますか？」など，CBGTで学び，理解したことを患者に尋ねることで，その回答について振り返ってもらうのが目的である。このようなやり取りは個人CBTでも行われるが，短時間の面接ではより④を意識した質問を多く行うのが良い。

(3) 個人面接でCBGTの効果を高める要点

このような対話をもとにして，以下のテーマを面接内で行うことが，CBGT外での面接でCBGTの効果を高めるために必要と考えられる。まず第一に，「メタ認知的気づき(認知的概念化)の強化・徹底」が挙げられる。集団では個別の認知的概念化を時間的制約から個々に深められない弱点がある。CBGTのプログラムが進んでいる途中経過で，「これまでのところでご自身のパターンや悪循環で気づかれたことはありましたか？」などと尋ね，認知的概念化の深まり具合を確認する。まだエピソード集めの段階にあり，焦点が明確になっていなければ，これまでの面接時のエピソードや相談内容を手がかりに，「刺激になる状況に共通点がないか」「○○のような考え方のクセがないか」「いつも取りやすい○○な行動パターンがないか」などヒントを伝えつつ，自身の悪循環パターンの概念化を明確にしていくことが，今後，最も重要になることを示唆する。

第二に重要なテーマは，「対処戦略の明確化」である。これまでなされてきた認知的概念化のパターンを確認し，それらがある程度できてきたら，対処パターンを変えていくための具体的スキルについて，残りのセッションで扱っていくことを予告したり，使えそうなスキルがありそうかどうかを尋ね，自分に合ったものを取り入れていくよう伝える。CBGT 終了後も意識し，「○○のようになったら，今後はどうしていこうと思いますか？」「どのスキルが使えそうですか？」「今後生活に取り入れていくにはどうしたら良いでしょう？」など，今後の生活場面に般化させることを念頭に質問を繰り出すことも重要である。これらの具体的スキルがどの程度患者の症状に役立ちそうかについて尋ねるのも良い。もし効果を実感できたエピソードがあれば，それを具体的に聞き，できている点，取り組めている点を強く支持する。プログラム終了時に効果を実感している患者も，短期間のプログラム参加だけで完全にスキルが定着するとは限らない。効果を維持しスキルを定着させるためには，学んだスキルを繰り返し使い，応用していくことが重要である。そのため，再び何か臨床的問題が生じた際に CBGT で学んだスキルを使っているかどうかの質問をすることで思い出してもらう。思考記録表を持参したり，実践した内容を話す人については，それらを引き続き面接の話題として扱うよう努め，上手に使えていることに対し正の強化を与えていくことも効果的である。

第三に重要なのは，「問題をできるだけ集団の場に返すこと」である。本人にとっての重要な問題が，何でも CBGT 外で解決されてしまうと，CBGT 内での重要な表出が減り，せっかくの効果が薄れてしまうことになりかねない。対人不安や集団的行動に不慣れな人の場合，なおさら集団内での表出に戸惑いを持ち，どこまで話して良いのか迷いを持つことも少なくない。特に治療初期には，まったく関係のない話題でない限りたいていは保証されること，他の人の意見やアイディアが参考になること，他の人とも共通の部分があれば共感し合うことができ，一緒に考えていけることなど集団で話し合うことのメリットを強調し，積極的な参加を励ますことが必要である。前述したように，集団との関わりに関する葛藤や個別性の高い問題を個人面接内で語る場合，そこに特有の悪循環パターンが隠されていないかを話し合い，「あなたにとって大切な問題かも知れないし，皆にとっても共通の問題かも知れないので，是非次回のセッションで出してみたらいかがでしょう」などとできるだけ集団の場に返すよう努める。「今，ここで」の原則で問題が解決し，集団内で共感が得られたり，支持的に受け入れられる体験は，自己肯定感を育む素地になるだろう。ここでも支援者が考えや行動を変えること，問題解決の答えを出すことに汲々とするのではなく，guided discovery（誘導による発見）や自発的取り組みによって問題への気づきと解決を行うことで，自尊心の回復と自己効力感の強化に繋げることをサポートするのが良い。

その他，CBT に少しでも造詣のある面接者であれば，「CBT にまつわる心理教育的補完」があっても良い。各種技法に対する理解を質問で尋ね，誤解があれば修正していくことも必要となる。例えば，「認知再構成法」では，患者はともすれば自身の考え方を否定して，無理に楽観性を持たねばならないと誤解している場合が少なくない。単に楽観的な考え方をするためのものではなく，さまざまな側面から多くの可能性を柔軟に考え，気分を和らげるためのものであることは再確認しておく必要がある。考え方が悪いのではなく，一つのことしか考えられなくなることが非機能的に陥りやすいこと，悲観的な考え方に陥るのは性格のせいではなく，うつ病になると皆が陥りやすくなる癖であることなどを繰り返し伝える。また，「行動活性化」についても，無理に楽しい行動をすれば良いのだと誤解されることがある。闇雲に行動を増やすのが目的なのではなく，自分にとって機能的な(自身の“価値目標”に沿った)快行動をスモールステップで積み重ねることが，“気分の”活性化に繋がるという原理を再度説明していくことも重要である。

(4) さいごに

以上，CBGT のプログラムと並行した個人面接場面でその効果を相補的に高める要点について述べた。具体的なエピソードから認知行動パターンを把握し，スキルを検討する部分は，CBGT の場でじっくり時間をかけて行えるため，それらを補完する個人面接は，比較的丁寧に行ったとしても短時間で可能である。わが国の現在の診療事情からすると，経済的・時間的効率が高い方法ではないかと思われる。また，自施設でなく他で CBGT のような治療を受けている場合にも，面接者がその内容に関心を持ち，面接場面で適切な質問やフィードバックを行うことは，その効果を高めることに繋がると考えられる。現状での診療の制約を乗り越えて活用されることを期待したい。　［北川信樹］

[引用文献]

David, L. (2013). *Using CBT in general practice.* Scion Publishing, Banbury, UK.（竹本毅(訳)(2016). 10分でできる認知行動療法入門(10分間 CBT ハンドブック第2版). 日経 BP 社）

北川信樹(2018). 集団認知行動療法を使って効果を高める　精神療法, *44*, 514–519.

第4章　各疾患における集団認知行動療法

対象とする精神疾患によって，集団認知行動療法の目的やグループの構造，プログラム内容は少しずつ異なる。第4章では，主に医療機関で実施する，さまざまな精神疾患に対する集団認知行動療法の方法について具体的に紹介する。

4-1　気分障害—大うつ病性障害の集団認知行動療法

（1）グループの目的

大うつ病性障害の人を対象としたCBGTは，国内外で多数実施されている。その目的は，うつ病の症状や社会生活機能の改善，再発予防，職場復帰あるいは復職支援，自尊感情の向上，家族などの重要他者との関係改善などである。同じ大うつ病性障害の人を対象としても，目的は多岐にわたり，その目的に応じて構造や内容などが異なってくる。

（2）グループの参加者

参加者は，大うつ病性障害の人となるが，グループの目的や構造，内容によっても異なってくる。例えば，職場復帰をめざすCBGTの場合，参加の時点で，無職ではなく，職場を休職していることが条件であったり，家族などの重要他者との関係改善をめざすCBGTの場合，女性に限定していたりもする(田島ら，2011；岡田，2011)。

このように参加者を限定するメリットは，グループの凝集性を高めることができる点にある。例えば，職場復帰を目指すという目的を持った方がそうでない場合に比べて，参加者間で問題や課題を共有しやすく，仲間意識や連帯感を持ちやすい。しかし，限定するデメリットは，参加者が集まりにくく，グループとしての成立が難しくなるという点である。

参加者数は，スタッフが2名の場合，10名程度までが妥当と考えられる。2名であれば参加者全体に目が行き届き，もし1名のスタッフが1名の参加者への対応に追われても，なんとかグループは進行できるだろう。また，グループの内容が心理教育をメインにしていたり，参加者の抑うつの重症度が低い場合は，参加者数を増やすことも可能であろう。この点は，担当できるスタッフ数によっても左右されるところである。

参加者の募集方法は，従来よく行われる，医師等の専門職から対象となる患者に声をかけたり，院内にチラシを貼ったりすることが挙げられる。また，参加者の範囲を院内に限定しなければ，インターネット上で広く募集をかけることも可能である。

（3）グループの構造

セッションの回数は，松永ら(2007)の国内外の文献レビューによれば，5～

20回と幅はあるものの，12回が最も多いと報告されている。また，国内のCBGTはおおむね5～12回セッションで構成されている。いずれにしても個人対象と比べて，短期間で実施され効果をあげている。

1セッションの時間は，国内では60～120分までで実施されていることが多く，松永ら(2007)のレビューでも90～120分が多いと報告されている。参加者の集中力や参加への意欲の維持，体力・持久力などから，これくらいの時間が妥当であろう。

セッションの頻度は，週に1回が多いが，週に2回，あるいは月に1回で実施している施設もある。対象者の負担，モチベーションの維持，またスタッフの準備期間などを考慮して頻度を決めると良いが，週に1回程度が一番妥当であろう。

また国内のCBGTは，クローズドグループでの実施が多い。この場合，対象者は固定されるため，グループの凝集性が高まりやすく，グループ作用も十分に活用できる。一方，オープングループで実施している施設もある。その場合，各参加者の症状や治療に関する課題によって期間を調整したり，参加者がセッションを選択できるというメリットがある一方，セッションごとに参加者が異なるため，グループの凝集性が十分に高まらなかったり，個人の進捗状況の違いを考慮した内容を構成することが必要になる。

スタッフの配置は，グループの対象数によって異なるが，先述のように対象者が10名程度の場合，2名程度のスタッフが必要になるだろう。また職種は，医師，心理職，看護師，作業療法士，精神保健福祉士，保健師等が挙げられ，医師と心理職，看護師などの多職種で構成される場合と，1つの職種がメインで行うこともある。多職種の場合は，各職種の特性を活かして担当内容を決めることが可能で，また各職種のアセスメントを総合して対象にアプローチできるという利点もある。

セッション内容の構成は，大うつ病性障害を対象とする場合，うつ病やCBTの概要に関する心理教育，認知的概念化(ケースフォーミュレーション)，認知・行動のスキルは含める必要がある。

a. 心理教育：心理教育は，事前に参加者に合った教材(テキストとワークシート)を準備し，各セッションの前半部分で実施する。一方的にテキストを説明するのではなく，参加者に順番に読んでもらいながら，ポイントを説明し，各参加者の体験を引き出し，重ね合わせながら内容を理解できるようにする。このように心理教育では，参加者との双方向的なコミュニケーションを大切にする。

b. **認知的概念化**：認知的概念化の重要性は，個人対象に比べて，CBGTではあまり強調されていないように思われるが，各参加者がセッションの初期に，自身の認知や行動のパターンを整理し理解しておくことは，その後の認知・行動のスキルを学ぶ際に役立つ。自身の認知や行動のパターンを理解できていると，内容が入りやすく，新たなスキルも獲得しやすい。

c. **認知・行動のスキル**：認知・行動のスキルは，大うつ病性障害の場合，認知再構成法，問題解決技法，行動活性化，アサーションがよく用いられている。認知再構成法は，一気にすべての内容を実施するよりも，数回に分けることが多く，はじめは「考え方のくせ(認知の歪み)」を知ることから始め，次に気分の明確化や強さの点数化，状況・気分・自動思考のつながり(3つのコラム)を理解し，自動思考の根拠，反証を挙げ，バランスの良い考えに整える，という流れで進めることが多い。このようにCBGTにおいても，個人対象の場合と同様に，学ぶ内容をスモールステップにして，少しずつ取り組み，成功体験を重ねることが大切である。これは，認知再構成法以外の技法にも適用される。グループの話し合いでは，認知再構成法の反証部分について，参加者からいろいろな視点の考えを出してもらい，考えの幅を広げるようにする。

d. **問題解決技法**：問題解決技法は，その時点で困っていること，解決の必要のある事柄をまず整理し，優先順位を設定して，今回取り組むことを挙げた後，ブレインストーミング，すなわち自由な発想で，判断は後回しにしながらさまざまな解決策を出し，実行に移す方法である。問題解決技法は，認知再構成法の後に，1〜2セッションで実施する場合もあれば，開始の初期の段階で実施し，認知再構成法の後で実施することも可能である。グループの話し合いでは，ブレインストーミングで参加者から多数の解決策を出してもらい，いろいろな解決策に触れることが大切である。

e. **行動活性化**：行動活性化は，うつ病で日々の活動が停滞し，ますます気分がふさぎ込み，より回避的になるという状態を，達成感や楽しみの得られる活動を増やすことで改善していく場合に用いると良い。CBGTの開始時に，日常活動記録表(1時間毎の活動と，その時の達成感や楽しみなどの気分を100点満点中の何点かで表す。1週間単位で付ける)をホームワークとして渡し，それを実施期間の中間あたりに自身で分析し，活動状況と気分の関係を調べ，次の問題解決技法につなげることも可能である。

f. **アサーション**：アサーションは，対人関係を振り返り，自身の気持ちや考えを適切に他者に伝える技法として有効である。CBGT では，実施期間の後半に組み入れることが多い。

また，60～120 分の 1 回のセッションは，次のように構造化することができる。はじめに導入として，前回のセッションから今回までの状態のチェック，ホームワークの確認，そのセッションの目的・目標の確認を行う。次に，その日の内容に関する心理教育を行い，個人での作業を行う。その後，個人の作業内容をもとにグループ内で話し合いをする。最後に，まとめやフィードバック，ホームワークの設定を行う。基本的にすべてのセッションをこのように構造化して進める。

（4）グループの内容

ここでは，CBGT の一例として，筆者が実施している女性うつ病患者を対象にした CBGT（女性のための CBGT）の内容について述べる。

このプログラムは，症状や社会生活機能の改善はもとより，身近な重要他者との関係改善もめざし，常勤の仕事を持っていない，主に外来通院中の女性（主婦が多い）を対象にしている。週に 1 回，セッション時間は 90 分で，プレセッションを含めて計 8 回セッションで構成されている。スタッフは看護師と医師の各 1 名で，参加者は 5～6 名である。

8 回セッションのうち，前半の第 4 回セッションまでは認知のスキル，後半の第 5 回セッション以降は行動のスキルを学ぶ内容になっている（表 4-1）。ま

表 4-1　女性のための CBGT の内容

<table>
<tr><th>セッション</th><th>内　容</th><th>スキル</th></tr>
<tr><td>プレセッション</td><td>状況・認和・気分・行動・身体のつながり</td><td></td></tr>
<tr><td>第 1 回</td><td>うつの女性の考え方の特徴</td><td rowspan="4">認　知</td></tr>
<tr><td>第 2 回</td><td>気分を確かめ，自動思考をみつめる方法</td></tr>
<tr><td>第 3 回</td><td>バランスのとれた考え方を導き出す方法（1）</td></tr>
<tr><td>第 4 回</td><td>バランスのとれた考え方を導き出す方法（2）</td></tr>
<tr><td>第 5 回</td><td>問題解決能力を高める方法</td><td rowspan="3">行　動</td></tr>
<tr><td>第 6 回</td><td>コミュニケーションの特徴とチェック</td></tr>
<tr><td>第 7 回</td><td>アサーションの方法</td></tr>
</table>

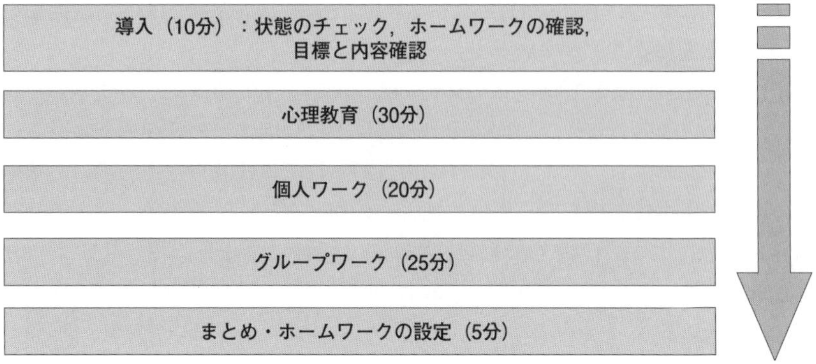

導入（10分）：状態のチェック，ホームワークの確認，
目標と内容確認

心理教育（30分）

個人ワーク（20分）

グループワーク（25分）

まとめ・ホームワークの設定（5分）

図 4-1　1回のセッションの流れ

ずプレセッションでは，認知的概念化，つまり，状況・認知・気分・行動・身体のつながりについて学ぶ。第1回セッションでは，うつ状態の女性の考え方の特徴として，身近な重要他者に対して配慮しすぎる傾向があること，役割に対する義務感が強いこと，さらに認知のアンバランス（認知の歪み）について学ぶ。第2回セッションでは，気分を明確化し，強さを数字で表すこと，状況・気分・自動思考のつながりについて学ぶ。第3回セッションでは，反証，バランスのとれた考えを中心に，認知再構成法（7つのコラム）を行う。第4回セッションでは，認知再構成法のグループワークを実施し，一事例を全体で共有し，反証などを出し合い，考え方の幅を広げる。第5回セッションは，問題解決技法を学び，問題解決策リストを作成して実行に移す。第6回セッションは，身近な重要他者とのコミュニケーションを振り返り，アサーションについて学び，第7回セッションで，ロールプレイを行う。最後に，CBGT 全体を通して学んだこと，再発予防につながる方法をまとめ，修了証を渡して終了となる。

（5）その他

大うつ病性障害の方を対象とした CBGT は，国内外で有効性が検討されてきている。松永（2007）は国内外の文献レビューから，個人対象と同程度かそれ以上に抑うつ症状の改善に効果があること，また Feng ら（2012）は，メタアナリシスの結果，終了後6か月までの継続効果があると述べている。しかし，Okumura ら（2014）は，CBGT は未治療群よりは効果はあるものの，低強度の

CBT や他の集団精神療法よりも効果があるとはいえないと述べており，今後の効果研究の蓄積が待たれる。また，岡田(2007)は女性うつ病患者へのCBGT の効果検討を量的・質的データを統合した混合型研究で実施し，CBGT内での集団の作用，認知・行動の改善効果を示唆している。また中村(2018)もうつ病休職者への CBGT に関する混合型研究で，量的研究による抑うつ症状の改善効果を示しつつ，質的研究では休職前から CBGT 介入後までの職場ストレス処理過程の変容プロセスを明らかにし，総合的な視点から CBGT の介入効果を示唆している。このように混合型研究や質的研究による効果検証も，今後，CBGT の発展に貢献するだろう。　[岡田佳詠]

4-2　気分障害—双極性障害の集団認知行動療法

(1) グループの目的

双極性障害は生物学的要因が強く想定されている疾患であり，あくまで薬物療法が治療の主体であるとごく最近まで認識されてきた。しかし，本疾患の臨床的転帰の改善は最新の薬物療法によっても十分ではなく，高い再発率や自殺完遂率，明らかな気分症状がない間欠期においても社会生活機能が低いことなど多くの課題がある。双極性障害患者ではうつ状態のマネジメントだけでなく，軽躁または躁状態に対する対処，そして完全なエピソードへの進展を未然に防ぐスキルが必要であり，そのことで再発を予防することが最大の目標となる。さらに，疾患に対するスティグマは診断や治療の受け入れに困難を来しやすく，いかに治療アドヒアランスを上げていくのかも課題の一つとなる。また，疾患経過そのものがもたらす心理社会的影響も大きい。多くの患者は以前のエピソードによる発達上の遅れや人生上の挫折，家族関係の破綻など，職業，学業，経済，対人関係のすべてにわたり社会的障害を抱え，再発や気分変動に対する恐れを常に抱き，自尊心や健全な自己感覚が失われやすいことも指摘されている。したがって，本疾患の治療は急性期の対応や生物学的病因論に終始せず，長期的・包括的視点に立脚した心理社会療法が必要なことは明らかである。

これまで双極性障害の再発予防に有効であることが示された精神療法としては，心理教育(集団含む)(Colom, Perry)，家族焦点化療法(Miklowitz)，認知行動療法(Lam)，対人関係－社会リズム療法(Frank)が挙げられている(Miklowitz et al., 2007)が，このうち CBT はこの十数年で最も多くの無作為化比較試験(RCT)が行われてきた。集団を含め再発予防効果の結果はまだ必ずしも定まっておらず，単極性のうつ病に対するものほど劇的ではないが，各病相の症状緩和や心理社会機能，アドヒアランスの向上などに小～中程度の効果量があると考えられている(北川，2016, 2017)。

双極性障害に対するCBT/CBGTにはいくつかの良く練られたアプローチが存在するが，諸家により細部に若干のバリエーションがみられる。例えば，Lamらのグループ(Lam, 2009)は，内在する生物学的脆弱性に高いストレスが加わり，気分・思考・行動の相互関係によって概日リズムや日課が乱れることで前駆状態が作られ，その際の対処戦略の乏しさが完全なエピソードへの移行をもたらすというストレス－脆弱性モデルを提唱した。特に前駆症状(早期警告症状)を同定するスキルの獲得の特定とコーピング戦略の育成が治療の重要な要素となっている。(図4-2)

アプローチの理論と方法は多様だが，これらに概ね共通した治療目的を要約すると以下のようになる。①服薬アドヒアランスを高める。②自尊感情や自己イメージを高める。③不適応的あるいはリスクの高い行動を減らす。④個人の日常的機能や気分の状態を不安定にさせる心理社会的要因に気づき修正する。

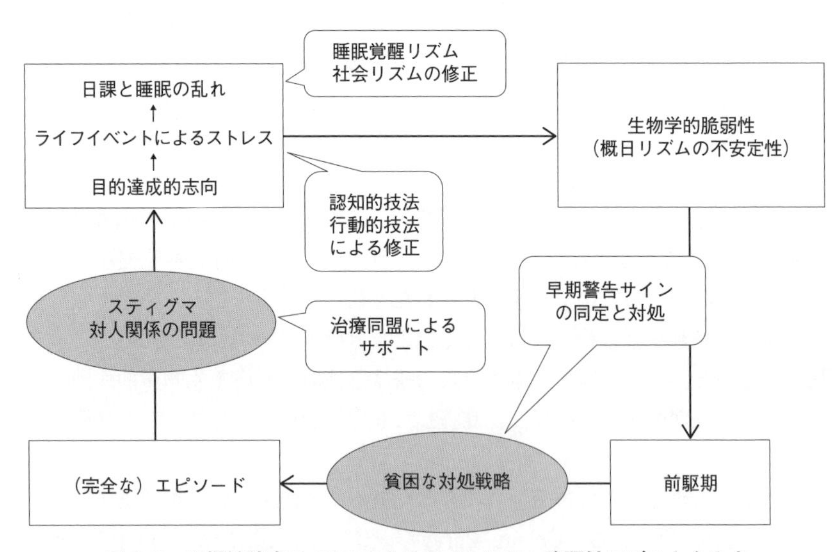

図4-2　双極性障害のCBTのためのストレス－脆弱性モデルと介入点
(ラムら，2012を修正加筆)

⑤心理社会的ストレスや対人関係上の問題を特定し，対処することを支援する。⑥うつ病や躁病の症状と，認知行動的問題に対処する方略を学ぶ。⑦再発に至る症状を早期に認識することを学び，効果的な対処法を確立する。⑧非機能的な自動思考と根底にある不適応的な信念を特定し，修正する。⑨ホームワークを通じて自己管理能力を高める。

（2）グループの対象

現在のところ，双極Ⅰ型およびⅡ型障害(DSM-5)のどちらが適応かという議論はまだ乏しく双方が対象となり得る。ただし，エントリー時の横断面的な状態像には注意を要する。集団の運営で最も注意すべき可能性は，躁・軽躁状態の出現によって集団の和を乱したりトラブルを起こすことである。スタッフに対する攻撃的な態度や，グループ内での自己中心的な振る舞い，他の利用者に対する不適切な関係などが生じ，周囲の意見に耳を貸さなくなることもあり得る。したがって，対象となる患者の状態像は躁でもうつでもない病相間欠期から軽～中等度までのうつ状態が適応で，開始前にはうつ病以上に疾患の回復と安定性がある程度達成されている方がスムーズである。経過中の躁転の可能性も含め，CBGT 導入時にはあらかじめ中止基準を設定し，同意を得ておくことも必要だろう。また，集団内での振る舞いから軽躁病相が確認されたり新たに診断される場合にはただちに主治医と連携を取り，治療の変更を検討し介入する必要がある。そのため，主治医との連携は他の疾患より緊密である必要がある。したがって，CBGT に携わるスタッフには正しい疾患認識とわずかな気分変動の徴候を捉える眼が必要となる。

ただ，リワークなどの実地臨床の場面で，双極性障害患者だけを集めて CBGT を行うことは稀であり，多くは単極性うつ病患者と混合で構成されやすい。その場合，後に述べるようにプログラムに一定の工夫を加える必要がある(北川，2018)。

（3）グループの構造

研究上のプロトコルによって違いがあり，CBGT のプログラムに定まったものはない。既報では 1 回 50 分～120 分前後，12～20 回前後のセッションで行われ，期間は 3～9 か月，ブースターセッションを加えたものもみられるなど幅がある(北川，2016)。他の CBT と同様に，①常に協働的経験主義に基づいて行われること，②あくまで薬物療法の補助として行われること，③再発予防に役立つ多彩なスキルの獲得を目指すこと，④患者がある程度洞察し協力できる症状レベルで行うことが大切である(Lam, 2009)。

(4) グループの内容

以下に双極性障害を含むグループで概ね共通して取り込むべきステップとその要点を示す。

a. 心理教育：薬物療法の重要性も含め，特に躁病相に関する心理教育は初期に必須である。理想的には正常気分の時に，本人と共同で前駆症状から完全なエピソードに至るまでに現れやすい独自の症状をリスト化して定義づけし，関係者らと共有しておくことは，治療アドヒアランスの向上のみならず，周囲の過剰な管理・批判的態度や症状への巻き込まれ抑止にも役立つ。また，一般的に双極性障害患者は生活面でのむらが大きい可能性があり，睡眠や食事，対人刺激などの生活をモニターし，ある程度の範囲内に留める取り組みは重要となる。さらに，物質依存についてもうつ病の場合以上に注意が必要であり，精神活性物質やアルコールの摂取に関する影響についての心理教育は強調すべきである(奥山，2012)。

b. 認知モデルの導入と事例定式化・治療目標の設定：病歴を「ライフチャート」を用いて振り返り，エピソードの前駆的徴候や発症に関連した出来事，躁とうつ双方のエピソード下での認知行動的特徴，対人関係の問題などに焦点を当て詳細に検討する。その過程で双極性障害の心理教育を行うとともに，個別の事例定式化を行う。否定的な自動思考，スティグマや傷つきやすい自尊感情に関する考えを突き止め，障害を克服することを検討していく。

c. 症状マネジメントと認知的・行動的技法の適用：収集された情報を用いて，うつや躁の症状を自己管理できるようセルフモニタリングや対処スキルを検討する。特に，規則正しい活動パターン，日課，習慣的な睡眠リズムを確立すること，非機能的認知に気づくために思考記録表などを用いることなどが挙げられる。認知的介入では，双極性障害患者の場合に多くみられる高い目標達成的志向がスキーマとして存在し，それが局面によって躁的症状にもうつ的症状にも繋がってしまうという機能分析が軸となることが多い。また，行動活性化の取り組みは，通常抑うつ気分を持ち上げる方法として捉えられがちだが，本来は生活行動がどのように気分に影響しているのかを機能的文脈の中で見直し，行動を変化させる取り組みを通じて望ましい気分を得ようとするのが狙いである。したがって，双極性障害患者の場合には行動を増やすばかりでなく，行動を減らし休息することや，対人的行動の刺激度をコントロールしリラクセーション的な行動を採り入れることも強調される。

d. 再発予防の技法（前駆症状に対処する認知行動スキル）：気分モニタリングによる気分変動と活動スケジュールの関係を結びつけ，再発のサインに早期に気づき対処する方法を築く。例えば，特徴的な前駆症状（早期警告サイン）を段階的に特定して階層的リストを作成し，それぞれに対する対処行動をあらかじめシミュレーションしておく。服薬管理のための方略を確認し，どのように自己管理していくかを計画する。再発脆弱性に関連した不適応的な信念を修正するアプローチも含まれる。

e. 治療アドヒアランスや長期間にわたる脆弱性の妨げとなっている問題や信念に対するアプローチ：慢性精神疾患として双極性障害患者のもつ悩みは多岐にわたっている。深刻な精神疾患を患っていると診断されることの意味，スティグマ，一生といわないまでも予防的薬物療法を受けるように言われること，自尊心や健全な自己感覚の喪失，再発や気分変動に対する恐れ，以前のエピソードに関連した心理社会的損失など配慮すべき問題は数多い。薬物療法に対する信念などアドヒアランスに関する問題，あるいはストレスや再発に繋がる過度に目的達成的な信念やがむしゃらな行動といった側面についても認知行動的技法によって検討する。また，スティグマについても否定するのでなく，どうしたら人生における影響を最小化できるかについて検討し，各々の患者に特有のスティグマ的信念を認知行動療法的に評価していくなど，疾病受容の過程にスタッフらは寄り添っていく必要がある。この際，ストレス－脆弱性モデルはスティグマの低減に役立ち，セルフマネジメントのスキル向上は自己効力感を高めるだろう（ラムら，2012）。

（5）その他

a. 双極性障害患者の集団適応の問題点

CBGT における同じ仲間の存在は，相当大きな力になるものと思われるが，躁転時に限らず，元来の循環気質，発揚気質が集団の中で露わに発揮される場合も考えられる。本来持つ他者配慮性やほどよいリーダーシップが発揮されれば集団にとってプラスに働くが，自尊感情の高まりとともに目的志向性に赴くままの行動が周囲との軋轢を生んでしまったり，逆に本人の傷つきや過負荷を産む悪循環がみられることもある。こうした場合，機を逸せずこれまでの集団内での行動パターンをともに振り返り，今後の悪循環に繋がらないあり方

表 4-2　CBGT のスケジュール例(北大通こころのクリニック)

セッション	テーマ	概　要
1	オリエンテーション～心理教育	自己紹介・ルール説明，心理教育(含双極性障害)と目標設定
2	認知的概念化 ①	認知行動モデルの紹介と事例の当てはめ
3	認知的概念化 ②	心の仕組み図作成，セルフモニタリングの導入
4	行動活性化 ①	セルフモニタリングの分析～アクションプランの作成
5	行動活性化 ②	ホームワーク結果の評価とフィードバック
6	問題解決技法の実践	技法の紹介と実践
7	認知再構成 ①	認知的概念化振り返り，認知の歪み心理教育，3 列法の導入
8	認知再構成 ②	3 列法のホームワークから 5～7 列法の実践
9	認知再構成 ③，前駆症状	前駆症状(認知と行動の変化)を確認，対処法リスト作り
10	まとめ・フィードバック・感想	アサーション・ロールプレイ，振り返りと今後に向けた方略確認

を「今，ここで」話し合うことができれば，最も効果的に介入できるはずである。

b. 単極性うつ病と混合する際のプログラムの工夫

これまで述べてきたように，双極性障害の CBGT ではセルフモニタリングの徹底，前駆症状の同定と対処法のシミュレーション等の要素が加わることになる。例えば，当院の CBGT では双極性障害にも適用可能とするため，表 4-2 のように導入期から双極性障害に対応した心理教育的な知識伝達を加えるとともに，すべての患者に前駆症状として認知や行動の変化のパターンを振り返ってもらい，今後の対処法をリスト化するセッションを加える修正を図っている。治療の目的やグループ構成，各施設の実情に合わせて工夫が必要である。

[北川信樹]

4-3 統合失調症の集団認知行動療法と SCIT

この節では，統合失調症の集団精神療法として，CBGT からのアプローチと，筆者らが行っている SCIT(Social cognition and interaction training)からのアプローチの大きく 2 つに分けて紹介する。

4-3-1 CBGT からのアプローチ

(1) グループの目的

統合失調症の CBGT を実施する目的は，個人 CBT と比較し CBGT では，メンバー同士が症状を共有することで，孤立感を感じることを軽減する，ポジティブ・ピアプレッシャーによってホームワークをより遂行するようになる，メンバーの上手な対処法をモデリングすることができることが挙げられる。

統合失調症のさまざまな症状に合わせて，①気分・自尊心・知識の向上を目的とするもの，②精神病症状が持続する場合の精神病症状の緩和，特に幻聴の対処法を目的とするもの，③陰性症状を改善し主観的満足感の向上を目的とするもの，④社会機能や社会的転帰の回復を目的とするものなどがある。

統合失調症の経過に合わせて，①急性期では，メンバーとの体験の共有や自己理解，自己受容などを目的とし，②回復期では，服薬や再発予防などの問題解決を目的とし，③安定期では，病名・病状・治療法の把握，症状の対処法，社会的資源の知識など全般的な理解の促進を目的とすることが多い。

(2) グループの対象

統合失調症の症状は多様であり，中長期的な経過をたどる疾患である。そのため，ターゲットとなる症状を合わせてグループの対象者を選定し，それにあった介入をすることは有用である。例えば，①幻聴の頻度や重症度，②妄想の確信度，③幻覚や妄想による苦痛や機能障害，④陰性症状(モチベーション)，⑤対処能力，⑥問題解決，⑦再発予防，⑧社会機能，⑨ソーシャルスキル，⑩洞察，⑪自尊心，⑫統合失調症に関連した不安や抑うつ，などをターゲットにグループを編成する方法がある。

さらには経過の段階で，症状や機能障害や必要となる治療法が異なるため，同じ段階のメンバーを揃えたほうが有用である。例えば，①前駆期，②初回エピソード精神病(first-episode psychosis：FEP)，③急性期，④安定期・慢性期などといったようにである。また，統合失調症では認知機能(注意を払う，集中する，遂行機能)の障害も起こることがあるため，同じような認知機能のメンバーをグループとしたほうが良い。

また，モチベーションについても重要であるが，統合失調症では自身の症状に対する洞察が乏しく問題意識をもちにくいことがあるため，モチベーションが高い患者のみだけでグループを構成することは困難であると思われる。実際には，モチベーションが低い患者が高い患者のメンバーから良い影響を受け，モチベーションが向上することもある。

また，認知の柔軟さも重要な項目である。認知の柔軟性があまりに乏しい患者は，CBT の課題をすることが困難であることが多い。さらに，行動や言動のまとまりが非常に悪い患者や攻撃的な患者は対象外とすることが多い。

(3) グループの構造

各セッションの構造としては，①挨拶，②アジェンダの設定，③ホームワークの確認，④セッションの内容，⑤まとめ，⑥フィードバック，⑦ホームワークといった形であり，セッションを毎回構造化することで，メンバーは落ち着くと考える。

話が長くなりがちな患者や，発話量が極端に少ない患者がいることが予想されるため，話の長い患者にはあらかじめ「途中で話を区切らせていただくことがある」ことを伝え，発話量が少ない患者にはリーダーから話題を振るなどの配慮が必要である。

(4) グループの内容

Wykes(1999)らの幻聴に対する CBGT を例にあげて紹介する。セッション 1 では，治療的な協働関係を構築する。セッション 2・3 では，幻聴についての心理教育と幻聴が聞こえる体験について共有する。セッション 4・5 では，幻聴の内容を聞き(どのようなことが聞こえてくるか，どのような気持ちになるか，無視するとどうなるか)，セッション 6・7 では幻聴の分析(どのような思考が，出来事の反応に影響を与え，ネガティブな結果につながるか)をする。セッション 8・9 では幻聴を強める・弱める方法を共有し，セッション 10～12 では，対処法を共有するといった内容である。

4-3-2　SCIT からのアプローチ

（1）グループの目的

次に，筆者らが行っている，統合失調症の社会機能の改善を期待し，社会認知のさまざまな領域に介入する集団プログラムの SCIT（Social cognition and interaction training）について紹介する。統合失調症をもつ患者が社会生活を営むうえでの困難さは，他者に対して被害的になりやすいなど，適切な対人関係を維持することの難しさによる場合が少なくない。対人コミュニケーションに関わるさまざまな認知領域を「社会認知」とよぶ。社会認知の障害は，社会生活の機能に直結していることから「社会認知」への介入が重要となる。統合失調症の社会認知の障害には以下の傾向がある。①曖昧さへの耐性の低さから，証拠となる事実が不十分なときに早急に結論へ飛びついてしまう傾向（結論への飛躍），②嫌な出来事があると，自分や状況のせいでなく，「他人が悪意をもって行ったのだ」という他責型の原因帰属の思考になりやすく怒りの感情を持つなど，状況に合わせて原因帰属様式を考えることが苦手な傾向，③他者の思考や意図や願望や感情を推測するのが苦手な傾向，④他者の表情から感情を推測するのが苦手な傾向が挙げられる。

そのため，SCIT の目的は，感情認知を鍛える，状況を把握する際に結論への飛躍を防ぎ柔軟な原因帰属様式を身につける，それらを日常生活に汎化することである。実際には，第 1 段階で，「感情認知」のトレーニングをし，第 2 段階では，適切な状況把握のためには，嫌な出来事が起こった場合，事実をもとにその原因を複数考え，十分な証拠（事実）を集めてから結論を出すトレーニングを行い，第 3 段階では，メンバーの日常生活における問題について扱い汎

化を目指す。つまり，対人関係において，曖昧で気になっている出来事の事実と推測をあげてもらい，推測を確かめるための行動をいくつか挙げて，その中の一つを実際にロールプレイする形で行う。

(2) グループの対象

SCITでは，統合失調症の多様性を考慮して，症状や特徴に合わせて，陽性症状が主体な患者用，陰性症状が主体な患者用といった形で，方法や内容を柔軟に変えられるようにできている。また，認知機能や認知の柔軟性に乏しいことを考慮して，紋切り型の認知再構成法ではなく，認知の3パターン(「他責型」「自責型」「お気楽型」)を紹介し，その立場に立って考えるという具体的な方略を用いている。

そのため，SCITは，対人関係に苦手さを抱えている18歳以上の者で，急性期を過ぎた回復期・安定期の患者で，特に疑い深さや妄想症状を呈している人に適しているといえる。顕著な認知機能障害(IQ<70)を伴っていたり，重篤な物質乱用や依存を抱えている人にはそれほど有用でないとしている。

(3) グループの構造

SCITのグループの構成は，5〜8人のメンバーと2人のファシリテーター(リーダーとコ・リーダー)で構成することが望ましいとされる。5人以上の患者が参加することで，さまざまな見方が生まれ，患者の一人一人が強いプレッシャーを受けることなく，プログラムに参加することが可能になり，8人以上としないことで一人一人の患者に気を配った介入が可能となる。ファシリテーターは2人いることで，リーダーがセッションを実施し，コ・リーダーが，メンバーが課題や発話することを援助したり，ホワイトボードに記録をとったり，時間を管理したりすることが可能となる。

SCITの各セッションは，10分間のチェックインから始まる。そこでその日どのような感情であるかが話し合われる。チェックインでは，患者自身の感情反応についての気づきを促すようにする。リーダーは前回のセッションの復習・ホームワークの復習をして今回のセッションの内容を始める。セッションの終盤にはまとめをする。SCITマニュアルの中に毎週のホームワークが設定されている。ホームワークは「練習パートナー(患者の家族またはスタッフ)」に手伝ってもらうことができる。練習パートナーの目的は，SCITの汎化を進め，集団で学んだスキルを実践する機会をさらに提供することであり，「練習パートナー」とホームワークをすることが勧められる。

またSCIT(全体20回)の構造としては，第1段階(1～7)・第2段階(8～15)・第3段階(16～20)に分かれており，第1段階・第2段階は高度に構造化されており，人間関係の例では写真やビデオを用いて，メンバーにとって侵襲的にならないように配慮してある。グループの関係性が構築されてきた第3段階では，メンバーの日常生活に起こった出来事についてなど，「個人的」な話題を取り扱う。

また，ホワイトボードに記入する際も，毎回同じような使い方(表を書く場合は統一する)を心がけ，文字を書く際は，ホワイトボードを2つに分けたりせず一定方向に大きく使って書いたほうが分りやすい。ホワイトボードを使用しながらセッションを進めているが，PowerPointを使う際は，文字数を減らし読みやすくする工夫が必要である。

(4) グループの内容

第1段階では感情の心理教育をすることを目的とする。セッション1～3では，自分の体験を感情・思考・行動に分割して考え，それらが相互に影響しあっていること，自分自身の感情・思考・行動は他者に影響を与えること，他者の感情・思考・行動も自分に影響を与えることを理解する。まずは他者の感情を推測できると対人関係が上手くいきやすいことを示す。セッション4では，6つの基本感情(喜び，悲しみ，恐怖，怒り，嫌悪，驚き)の定義と，それが起こりうる状況を記入した感情ポスターを作成する。セッション5では，上記の感情が表れた表情の写真を見ながら顔真似をし，その表情から読み取れる手がかり(事実)を感情ポスターに追記する。特に，眉毛，目，口に注目させる。セッション6では表情にわずかにしか手がかりがない時と，表情にたくさん手がかりがある写真を見せて，新しく手がかりがでてきた時にはそれに合わせて推測を変化させていく必要があることを学ぶ。

セッション7は基本感情の他に疑心(怪しいと思う，疑ってしまう)が誰もがいだく感情であることを教え，ビデオを見ながら疑っても当然の場面と疑いすぎている場面に分ける。また，自分の体調や，他者の特徴，状況や場面に対する思考などの要因で疑心を抱きやすいことがあることを共有する。

第2段階では，一つの「他責型」の推測を即座に100％信じ込むといった「結論への飛躍」をし，辛い感情になり，決めつけて行動するのを防ぐべく，3つの推論を考え，状況の中から事実と推測を区別し，推測するための事実が足りない時は，それに気づき質問をするといった「探偵のような視点」を学ぶ。

セッション 8 では，ビデオを見ながら結論への飛躍(1 つの推測に対する確信度が高く，即座に決めつける)が持つ問題と，それが状況があいまいであったり，相手の意図が不明瞭である時によくある認知の方法であることを学ぶ。セッション 9・10 では，結論への飛躍を防ぐためには 3 つの推測(「他責型」「自責型」「お気楽型」)を考えると良いことを教え，出来事が起こった時の推測を 3 つ考える練習をする(認知再構成法)。セッション 11～13 では，状況から，事実と推測を区別することを学ぶ。事実は全員が同意で，100%確か，見たり聞いたりできる。一方で，推測は人によってそれぞれ，正しいかもしれないし間違っているかもしれない，頭のなかのことで個人の意見が入り込むと定義する。参加者たちは写真とビデオを見て，その状況で何が事実で何が推測(思考・感情)かを考える。事実が多い推測のほうがより確からしいことを学ぶ。セッション 14～15 では，証拠(事実)を集めるための質問をすることや曖昧への耐性をつけるために「20 の質問ゲーム」をする。

第 3 段階では，メンバーの対人関係での困った体験を共有してもらい，出来事における事実から推測を 3 パターン考え，推測を絞り込むための事実が足りない時には，「確認をする」といった行動を取ることを教える。確認する時に

表 4-3　第 3 段階の列

事実	推測		確認のための行動
	思考	感情	
A さんは，道を歩いていたら，人とすれちがった。 その瞬間に「ばか」と聞こえた。 母は何も聞こえなかったと言った。	人をばかにしやがって，あいつは失礼なやつだ(他責型)	怒り	相手に，「ばか」と言ったか聞いてみる
	自分がばかだからそんなこと言われるんだ(自責型)	悲しみ	母親に聞いてみる
	病気かもしれない。聞こえたのは気のせいかもしれない(お気楽型)	ちょっと嫌	SICT メンバーに相談する 何もしない

は「あなたばかって言ったでしょ」と結論への飛躍をするのではなく「もしかしたら空耳だったのかもしれないけれど，私のことを悪く言ったりした？」などと結論への飛躍を避けるようにして聞くロールプレイをしてソーシャルスキルの向上を図る。セッション 16〜20 は，メンバーの体験をもとに上記を繰り返す。

［蟹江絢子］

4-4　パニック症・社交不安症の集団認知行動療法

(1) グループの目的

名古屋市立大学病院こころの医療センターでは 2001 年よりパニック症，2003 年より社交不安症に対する CBGT を施行している。

ここでは，当科で施行しているパニック症および社交不安症に対する CBGT について簡単に紹介する。

(2) グループの対象

対象となるのはパニック症および社交不安症の患者で，基本的にはうつ病やパーソナリティ障害等の併存症が軽度の方，ということになる。曝露療法など本人にある程度のストレスをかける治療であることと集団での治療であることに耐えられる状態かどうかを治療の導入前にチェックする。

1 グループの人数は 3 人までとしている。以前は 4 人としていたが，セッションの終了が予定時刻を大幅に過ぎてしまうことがしばしばであったり，セラピストの負担も大きかったため，現在の定員に落ち着いている。

なお，3 人のメンバーは CBGT 終了まで固定しており，クローズドグループでの施行ということになる。

(3) グループの構造

a. セッションの時間・回数

パニック症，社交不安症ともにセッション時間は 2 時間である。セラピスト，クライエント共に集中力が持続するのは 2 時間までと経験的に判断している。

回数は，パニック症で 7〜9 回，社交不安症で 12〜14 回とし，週 1 回固定した曜日と時間帯(毎週月曜日の午後 3 時〜5 時など)で施行している。

b. スタッフの配置

スタッフはリーダーとコ・リーダーの2名である。リーダーは原則として大学院生など臨床歴が4年以上ある医師や心理職が担当しグループ治療の主体となって介入を進めていく役割を担う。コ・リーダーは記録係を担当しつつリーダーのセッションを見学し介入の仕方を学ぶ。これからCBTを始めようとしている医師や心理職，当科のレジデント等が担当する。

c. セッションの構成

各回のセッションを，専用に作成されたPowerPointに従って進行する。内容は大画面のディスプレイに表示される。スライドの内容を追っていくだけでもアジェンダの設定やセッション終了時のフィードバックなどのCBTとしての構造化が保たれるように作成してある。また，これまでフリップチャートとホワイトボードを用いて手書きで対応していた認知再構成法のコラム表や曝露のヒエラルキー等もPowerPointやExcelを用いて作成し参加者に提示している。必要時にはプリントアウトして渡すことも可能である。

(4) グループの内容

a. 全体像

パニック症・社交不安症ともオーストラリアのAndrewsらの作成したマニュアル(Andrews et al., 2002)をベースにしているが，社交不安症に関しては，さらに注意訓練やビデオフィードバックといった技法を付加した治療法となっている。

b. 心理教育及び認知行動モデル

パニック症・社交不安症という疾患について学ぶ。その中で不安の意義や重要性，すなわち不安は元来悪いものではなくむしろ危険を回避して生存していくために必要なものであり，適度な不安は仕事や勉強の効率を上げる点を指摘する。

認知行動モデルはパニック症はSalkovskis(1988)を，社交不安症はClark & Wells(1995)の循環モデルを用いており，このようなモデルにより自己の不安に起因する症状が発生することを説明し，その後に学習する認知再構成法などの治療技法がどの部分に有効なのかも説明する。

c. 認知再構成法

状況，自動思考，適応的思考の3コラム法を用いている。

セッションにおいてはクライエントの1人からコラム表を提供してもらい，

それをもとにグループでディスカッションを進めていく。メンバー同士でのフィードバックも促していく。考え方を切り替えるというよりも，自分以外にも同じように苦しんでいた人がいるという事実を目の当たりにできることが治療的に作用しており，それは集団精神療法のメリットの一つといえる。

d. 段階的曝露

目標を設定し段階を組んだのちに，実際に曝露していくというやり方をとる。

ある程度，恐怖や不安に直面することが求められるため，認知再構成法や後述する注意訓練といった不安をコントロールするための技法をマスターしたのちに段階的曝露に入ることとしている。生活に支障をきたしていた問題を実際に解決していくことになるが，苦手な状況に直面することになるのでクライエントの不安も非常に強くなり，心理的なフォローもそれまで以上に求められる。

曝露のヒエラルキーや課題の実行状況は毎回発表してもらうことになる。段階的曝露を導入する頃にはグループの凝集性も高まっているので，曝露課題に取り組む辛さを共有できたり，メンバー同士で励まし合ったりと個人精神療法に比べて集団精神療法の利点が強く感じられる場合が多い。

以下にはパニック症・社交不安症それぞれに固有の治療技法を述べる。

e. パニック症固有の治療技法

- **呼吸コントロール**：1 分間に 10 回の呼吸，すなわち 3 秒で息を吸い 3 秒で吐くという呼吸を一定時間(5 分程度)キープする。1 日 4 回施行する。
- **身体感覚曝露**：これは，パニック発作に特有の不安に関連する身体感覚を人工的に惹起し(1 分間の過呼吸，踏み台昇降など)曝露することにより不安が自然に落ち着くことを体験し，身体感覚に直面しても安全であることを学ぶものである。身体感覚の惹起は苦痛や不安をも惹起するため，クライエントは強く抵抗を感じるが，グループで施行することはその抵抗感を和らげる作用がある。

f. 社交不安症固有の治療技法

- **注意訓練**：注意が自分もしくは他人から見られている自分に集中してしまうことで不安が増悪していくことを再認識してもらい，注意を意識的に自分以外の周囲の状況やその時にやるべきタスクに向けなおす練習をする。
- **安全保障行動と自己注目をやめる実験**：安全保障行動とは微妙な回避と

もいい，不安を軽減するためのおまじないである(例えば他人と目を合わすのが苦手な人がサングラスをかけるといった行動など)。これを行いながら不安に直面すると，恐れていた結果が実際には起こらないことを学べず，その後，余計に不安になるため，社交不安症の精神病理のカギとなる概念といえる。

この実験では不安を感じる場面でのロールプレイを行い，安全保障行動と自己注目をした場合とやめた場合との2パターンをビデオに録画し，1週間後それを全員で見て検討する。その際，①安全保障行動と自己注目をやめた方が自然に見えること，②自己評価よりは他者評価の方が良好であること，③自分で思っているほど他人は自分の気にしていることに注意を払わないこと，に気がつく。

ロールプレイにおいて，他のメンバーの協力が得られることがCBGTの大きなメリットといえる。また，ビデオフィードバックでも他者評価としてコメントが得られるのも利点の一つといえる。

(5) その他

欧米ではThird Waveと呼ばれる新しいCBT(Acceptance and Commitment Therapy：ACTやマインドフルネス認知療法など)がうつ病や不安症などを中心に導入が進んでいる。筆者らも2015年からACTの集団療法を難治化したパニック症のケースに応用している。これまでCBGTにより蓄積してきた経験や知識が活用できればと考えている。　[小川　成]

4-5　強迫症の集団認知行動療法

強迫症に対するCBGTは，強迫症状の改善や予後，患者の満足度において，個人療法とほぼ同等であると報告されている(Schwartze et al., 2016)。また他の参加者のモデリングができるなど，集団精神療法ならではの特色があり，セッション毎に出される課題遂行率の高さやドロップアウト率の低さにおいては個人精神療法と同等，または個人精神療法よりも優れているといわれている(Pozza & Dettore, 2017)。本節では，強迫症に対するCBGTの概要について説明し，筆者らが実施した強迫症(OCD)に対するCBGTについて報告する。

(1) 対象

CBGT の対象は，成人の患者の他，成人患者とその家族，児童期や思春期の患者とその家族，患者家族のみなど多岐にわたる。患者家族の 9 割近くは強迫的な儀式を患者の要求どおりに行ったり，強迫行為の引き金になるようなことを話さないようにしたりと，強迫行為に巻き込まれており(Stewart et al., 2008)，このような巻き込まれは，強迫症状の重症化，治療効果や家族機能の低下などとの関連性が指摘されている(Albert et al., 2010; Grover & Dutt, 2011)。このため強迫症に対する治療ガイドラインでは，患者のみならず患者家族への介入が推奨され(Geller et al., 2012)，このような家族介入を併用した CBGT の有効性が報告されている(Thompson-Holland et al., 2014)。

(2) プログラム内容

成人患者個人を対象とした CBGT のプログラムは，主に強迫症や，曝露反応妨害法(Exposure and Response Prevention, 以下 ERP)の心理教育，認知再構成法などで構成されている。ERP 以外のセッションを集団で実施することもあれば，全セッションを集団で実施することもあり(Schwartze et al., 2016; Pozza & Dettore, 2017)，プログラムは標準化されていない。多くの患者は強迫症の知識やスキルが不足しているため，患者を対象に心理教育を実施し，グループの中でお互いの体験を共有しながら強迫症に対するスキル構築を目指していく。

成人患者及び学童期や思春期の子どもとその家族を対象とした CBGT は，個人対象のプログラム内容に加えて，家族が巻き込まれないようにするための対応，家族自身のストレス対処法，家族の感情表出に関する心理教育などの家族介入が実施される。特に子どもを対象としたプログラムでは，子どもが ERP 課題に挑戦する際に親がコーチ役として関わり，課題設定や課題遂行に子どもと一緒に取り組むことにしている。

(3) 宿泊型 CBGT プログラム

強迫症に対する代表的な治療機関であるマクレーン病院強迫症研究所で実施している宿泊型 CBGT について紹介する。米国ボストンにあるマサチューセッツ総合病院・マクレーン病院の強迫症研究所(Obsessive Compulsive Disorder Institute, 以下 OCDI)は 1997 年に開設され，強迫症患者やその家族を対象に，宿泊による治療プログラムや入院プログラム，家族療法など，さまざまなプログラムを提供している。当施設には，ベッドルームの他に共有のキッチンやダイニングルーム，シャワールームなどがあり，近くにはバスケットコートや最新の機器が装備されたフィットネスセンターが併設されている。患者は毎日実施されるグループプログラムに参加する他，共有のキッチンやトイレなどを使用して，各々の治療プランに沿ったERPを実施する。約3か月間OCDIに滞在し，他の患者や治療者，コーチ役のスタッフと日常生活を共に過ごすなかで治療を進めていく。OCDIでは，このように生活環境自体を治療の場として提供しており，環境療法（Milieu Therapy）や家族療法など，集団精神療法の他に多面的なグループとしての介入を行っているという点で，単独の集団精神療法とは異なっている。OCDIでは，「講義」といった形式でなく，患者自身がグループに関われるような，対話形式の体験的訓練を実施している。ERP（曝露反応妨害法）のグループでは，はじめに患者全員が集合し，その後，事前に担当セラピストと話し合ったERPのプランに沿って，患者はそれぞれの担当コーチとともにERPを行う。平日は毎日4時間ERPを行い，金曜日の午後にその週の進捗状況について参加者全員で共有する。そして週末には，患者自身でERPの内容を検討し，自らERPを実施する。それ以外のグループは，身体醜形恐怖，溜め込み，完璧主義など，強迫に関連するグループや，宗教的強迫観念，トイレに関する強迫，たばこに関する強迫など，強迫タイプに応じたプログラム，その他にはソーシャルスキルトレーニング，問題解決技法，マインドフルネス，音楽療法など，豊富なプログラム内容で構成されている（表4-4参照）。

（4）国内で実施したCBGTの一例

筆者らが勤務した施設において，20歳以上65歳未満の強迫症患者を対象にCBGTを実施した（Shinmei et al., 2016）。プログラムは週1回，全12〜16回のセッションで，最大4ケースが同会場で進行し，各班は，患者，ケース担当者，陪席者で構成された。家族が参加を希望した場合には患者の同意を得たうえで家族参加も可とした。1ケースが終了した時点で次の新ケースを開始するため，ある班では初回セッションが実施され，別の班では最終回セッションが実施されることもあった。1セッションは3部で構成されている。はじめに家族，ケース担当者，陪席者全員で，「OCDとの闘いに勝つために」について読み上げる。これは，米国の強迫症啓発専門機関「国際OCD財団」が発行するニュースレターの記事を参考に，筆者らが日本語版を作成したもので，「予期

表 4-4 OCDI グループスケジュールより一部抜粋

月曜日		火曜日	
時間	内容	時間	内容
8:30～ 8:50	治療プランニング	8:30～ 8:50	治療プラニング
9:00～ 9:50	家族問題	9:00～ 9:50	A　表現療法
10:00～12:00	ERP(曝露反応妨害法)	9:00～ 9:50	B　動機づけ
10:15～11:00	身体醜形障害	10:00～12:00	ERP(曝露反応妨害法)
11:00～11:50	溜め込み障害	10:15～11:00	侵入思考
13:00～13:50	A　マインドフルネス	13:00～13:50	A　認知療法
13:00～13:50	B　認知療法	13:00～13:50	B　マインドフルネス
14:00～16:00	ERP(曝露反応妨害法)	14:00～16:00	ERP(曝露反応妨害法)
14:15～15:00	侵入思考	18:00～18:30	自己評価(振り返り)
16:10～17:00	完璧主義	19:00～21:00	余暇スキル(任意)
18:00～18:30	自己評価(振り返り)		
19:00～20:00	健康維持(任意)		

しないことが起こることも常に予想しておきましょう」「進んでリスクを受け入れてみましょう」「課題を行う際はあなた自身で保証を与えないようにしましょう」など，強迫症を克服するための 10 のヒントがリストアップされている。次に，厚生労働省の「強迫症に対する CBT マニュアル」に沿って，各班で ERP を中心とする CBT 個人セッションを実施した。個人セッションのあとには再度集団となり，その日のセッションで挑戦したことや実際にできたことなどについて各患者が報告を行い，全員で支持的に共有した。

本プログラムの限界として，個人セッションの際に隣の班の話が聞こえると個人セッションに集中しにくいこと，個人セッション後に集団で振り返る際に別の班の進捗状況が患者にプレッシャーを与えてしまうことが挙げられる。さらに，参加者全員の前で発表することに強い不安を抱く患者もおり，個人セッションのなかでその不安について扱う必要も生じてくる。一方で，別の班の進捗がよい刺激となったり，全員の前で発表できたことが自信につながったりするケースも多く見られた。さらに，個人セッションの前に，「OCD との闘いに勝つために」を参加者全員で読み上げたことは，治療者や家族も含めた治療チームの構築や，治療モチベーションの向上につながった可能性が高い。個人セッション後に，その日のセッションで挑戦したことや実際にできたことについて患者が発表を行い，参加者全員で患者の頑張りを労ったことも，治療に対するモチベーションの維持や向上に効果的であったようだ。本プログラムは1ケースが終了した時点で次の新ケースを開始するため，ある班では初回セッションが実施され，別の班では最終回セッションが実施されることもあり，最終回を迎える患者が初回セッションに参加した患者に対して助言を与えるなど，集団ならではの相互作用が見られた。

(5) まとめ

強迫症に対するCBGTについて紹介した。日本国内においては，主に入院や外来において強迫症の治療を行っており，OCDIのような滞在型専門治療機関は見られない。また，集団精神療法を実施している機関は限られており，家族会や患者会によって当事者同士が情報共有を図っているのが現状である。この背景には，強迫症を専門とする治療者の不足や，ERPを実施する時間を外来枠で設けるのが困難であることが考えられる。今後は，看護師や心理士などの医療従事者が強迫症やERPに関する専門知識をさらに高め，医師と医療従事者がチームとして治療に取り組む中で，このような集団精神療法が実施されることが期待される。

[小林由季]

4-6 不安とうつの統一プロトコルによる集団認知行動療法 ——

不安関連障害(不安症，強迫症，心的外傷後ストレス障害など)とうつ病は，有病率が高く，精神科医療現場でよくみられる疾患である。これらの疾患に対しては，薬物療法と並んでCBTの有効性が確立している。しかし，CBTは治療者育成や実施のコストが高く，その普及が課題となっている。

CBTの普及を進めるための方法の1つとして，診断横断的(Transdiagnostic)CBTがある。診断横断的CBTとは，複数の疾患に共通する特徴を標的とすることによって，診断区分を超えて適用することできる汎用性の高いCBTを指す。

ボストン大学のBarlow博士が開発した統一プロトコル(Unified Protocol for Transdiagnostic Treatment of Emotional Disorders: UP)は，不安関連障害やうつ病などを幅広く対象とする診断横断的CBTの1つである。UPによる個人 CBT は，米国における大規模ランダム化比較試験により，パニック症，社交不安症，強迫症，全般不安症に対して，治療ガイドラインで推奨される疾患特異的な CBT と同等の有効性を有することが確認されている（Barlow et al., 2017）。日本においても，不安症やうつ病の患者に対する UP の個人 CBT の実施可能性が確認された（Ito et al., 2016）。

CBT のさらなる普及を見据えて，UP による CBGT 提供の試みが始まっている。UP が開発されたボストン大学における臨床実践報告に始まり（Bullis et al., 2014），スペインとデンマークでは，予備試験を経て（Osma, Castellano, Crespo, & Garcia-Palacios, 2015; Reinholt et al., 2017），大規模なランダム化比較試験が進行している（Arnfred et al., 2017; Osma et al., 2018）。また，ブラジルとカナダにおいても，UP による CBGT の有効性が確認されている（de Ornelas Maia, Nardi, & Cardoso, 2014; Laposa, Mancuso, Abraham, & Loli-Dano, 2017）。わが国においては，筆者らが予備試験を実施して，現在ランダム化比較試験を準備中である。本節では，これらの国内外における UP による CBGT の概要や構成について紹介する。

（1）UP による CBGT の目的

UP による CBGT では，不安関連障害やうつ病に共通する特徴である神経症傾向や感情調整不全を介入の標的とすることによって，患者の症状，社会機能および生活の質の改善を図ることを目的とする。加えて，診断を超えて幅広い疾患の患者集団を対象に CBT を提供することで，CBT 実施におけるコスト削減を図り，その普及を促進することを目的とする。

（2）UP による CBGT の対象

UP は，感情に関連する困難を抱える Emotional Disorders の患者を対象とする。Emotional Disorders には，DSM-5 における，うつ病，持続性抑うつ障害，不安症（広場恐怖症，パニック症，社交不安症，全般不安症など），心的外傷後ストレス障害，強迫症が含まれる。また，UP では，上記の障害を複数併存している患者や，診断基準を完全には満たさない閾値下の患者も対象にできる。そのため，UP による CBGT は，Emotional Disorders のいずれかに該当する患者集団を，複数の疾患が併存する患者も含めて，まとめて治療できるという強みがある。さらに，幅広い患者が対象に含まれるため，疾患特異的な CBGT と比べて，小規模な医療機関や人口の少ない地域においても，参加者を集めてCBGTを実施しやすいという利点がある。グループの参加者数については，ボストン大学の報告では1グループにつき6名，デンマークの予備試験では7〜9名，スペインでは11名，カナダでは8〜10名，ブラジルでは8名で実施されたことが報告されている。日本の予備試験では，1グループ4〜10名の範囲で設定した。

(3) UPによるCBGTの構造

ここまでに紹介した国内外でのUPによるCBGTは，すべてクローズド形式で実施されている。UPはモジュール形式の治療法で，各モジュールにおいて1つずつスキルを習得していく積み上げ式の構成となっており，オープン形式での実施は難しいと考えられる。

セッション時間と回数に関しては，ボストン大学とブラジルの臨床試験では1回120分のセッションを全12回という設定となっている。一方，カナダの臨床試験では1回120分で全14回，スペインの予備試験では1回120分で全10回，デンマークの予備試験では1回150分で全15回とセッション時間と回数の設定には幅がある。しかし，スペインとデンマークでは予備試験から本試験に向けて変更があり，スペインでは，セッション数が増やされ，1回120分全12回に変更され，デンマークでは，セッション数とセッション時間が削減されて1回120分全14回となっている。日本の予備試験では1回90分間のセッションを全12回実施したが，セッション時間を超過したことがあった。海外の報告も参考にすると，UPの介入要素をCBGTとして実施する場合には，1回120分程度のセッション時間が必要であると推察された。

介入を担当するセラピストの数については，ボストン大学では1グループにつきリーダーが1名と他2名の計3名のセラピストが配置されていた。しかし，それ以外の先行研究で，セラピスト数について記載のあったカナダの臨床試験，デンマークの予備試験，スペインのランダム化比較試験では，すべて2名のセラピストによって介入が実施されていた。また，日本の予備試験についても2名のセラピストで実施した。

(4) UPによるCBGTの内容

UPは，マインドフルな感情への気づき，認知再評価，感情回避と感情駆動行動に対する代替行動，内部感覚曝露，感情曝露の5つの中核モジュールを含む8つのモジュールから構成される(表4-5参照)。UPに含まれるモジュールには，動機づけ面接，セルフモニタリング，マインドフルネス，認知再構成法，機能分析と代替行動の形成，内部感覚曝露，現実曝露，想像曝露といったCBTの技法やスキルが盛り込まれている。

これらすべてのモジュールのうち，UPではモジュール7の感情曝露が最も重要なモジュールとして位置づけられる。感情曝露に先行する各モジュールは，曝露の効果を最大化するための感情調整のスキルを習得できるよう配置されている。また，各モジュールにおいてエクササイズが多用されており，体験的な理解を促進できるよう構成されている。

(5) その他

UPに関する書籍としては，患者が使用するワークブックとセラピストガイ

表4-5　日本の予備試験におけるUPによる集団CBGTの構成

回数	実施する内容・モジュール	ワークブック (Barlow et al., 2011a) の章との対応	セラピストガイド (Barlow et al., 2011b) の章との対応
1	統一プロトコルへの導入 集団療法についての心理教育	第1章 第2章 第3章	第4章
2	モジュール1　動機づけ高揚	第4章	第5章
3	モジュール2　心理教育と感情体験の振り返り	第5章 第6章	第6章 第7章
4	モジュール3　感情への気づき訓練	第7章	第8章
5	モジュール4　認知評価と再評価	第8章	第9章
6	モジュール5　感情回避と感情駆動行動	第9章 第10章	第10章 第11章
7	モジュール6　身体感覚への気づきと忍耐力	第11章	第12章
8～11	モジュール7　感情曝露	第12章	第13章
12	モジュール8　再発防止	第14章	第15章

ドが出版されており，国内外のUPによるCBGTにおいても活用されている。ワークブックとセラピストガイド，その他のUPに関する参考文献については，巻末の文献に示すように日本語版も整備されているため，UPによるCBGTの実施を検討される際には，ぜひ参考にしていただきたい。[加藤典子]

4-7　PTSDの治療：集団認知処理療法

心的外傷後ストレス障害(Posttraumatic Stress Disorder, 以下PTSD)は，災害や事故・犯罪被害などの危機的状況に遭遇した人に生じる侵入症状，回避症状，覚醒亢進症状，認知と気分の陰性の変化を主症状として診断される疾患である(APA，2013)。英国国立医療技術評価機構(National Institute for Health and Clinical Excellence, 2018)などの国際ガイドラインでは，PTSDに有効とされる治療法は，薬物療法と共に，トラウマに焦点をあてたCBTであることが示されている。中でも，Duke大学精神医学・行動科学教授であるPatricia Resick博士ら(Resick & Schnicke, 1992, 1993)によって1980年代後半に開発された認知処理療法(Cognitive Processing Therapy; 以下CPT)は，集団を対象に開始されたPTSDの治療法であり，幅広い層を対象に実施できる手法として注目されている。性犯罪被害者やドメスティックバイオレンスの被害者，帰還兵などを対象に数多くの治験が行われ，PTSDの治療効果が認められている。

米国以外の国々の治験においても，その有効性が示されているが，特にコンゴ民主共和国では識字力を問わない簡易版の有効性が認められ着目された(Bass et al., 2013)。国内においては，国立精神・神経医療研究センター認知行動療法センターや，武蔵野大学心理臨床センター及び認知行動療法研究所の研究チームにより，臨床研究が進められている。本節では，PTSDの治療効果が認められている集団認知処理療法(集団CPT)を紹介する。

(1) グループの目的

集団CPTは，クライエントのPTSD症状の改善を目的としている。具体的には，PTSD症状を長期化させる回避パターンへの気づきを促し，悲しみなどの自然な感情を受け入れ，感じながら，罪悪感などの二次的感情をもたらす出来事への極端な解釈の変容を促すことである。

（2）グループの構成

集団CPTは，PTSDの診断を受けている成人を対象にしており，1グループのクライエント数は5～9名が望ましいとされる。これは，4名でのペアリング効果を避けることや(注：2人ずつが組んでしまうことで集団精神療法の妨げとなること)，中断者が現れた場合にも対応できる人数とされるためである。クライエントは，性別あるいは，被害内容のいずれかが同じであることが推奨されている。つまり，女性のみのグループであれば，被害内容が異なるクライエント同士のグループが可能であり，男女混合のグループであれば，同じ被害内容のクライエントのみにする必要がある。

セラピストは，クライエントの人数により1名か2名で行われる。治療の安全性を高めることや，クライエントからの課題が提出される際の対応のためにも2名体制が望ましいとされる。

（3）グループの形式

集団CPTは複数の形式で実施することができる。CPTの主軸となる認知療法に加えトラウマ体験を詳述する“トラウマ筆記(Trauma Account)”の有無や，個人版CPTと交互に行う手法か否かにより，①集団CPT(筆記なし)，②集団CPT＋A(筆記あり)，③集団CPT混合版に分かれる。実施する組織や機関の環境や条件によりいずれかの形式を選択することが可能とされている。セッションに必要とされる時間は，1回につき90～120分である。集団CPT＋Aのセッション間で実施される個別セッションは，1回につき約50分とされる。

① **集団CPT**(トラウマ筆記なし)

集団CPTは，“トラウマ筆記”を含まないプログラムであり，12回の集団セッションのみで終了する(表4-6参照)。CPTは，開発時はインデックストラウマ(最も影響力のあるトラウマ体験)を詳述する“トラウマ筆記”を2回行う形で実施されていた(Resick & Schnicke, 1992, 1993)。後の研究(Resick et al., 2008)で，“トラウマ筆記”を含まない認知療法のみのCPTでも同等の効果が得られることが明らかとされ，近年の研究も，トラウマを詳述する苦痛に曝露されるストレスのないCPTの実施によるものが大半を占めている。

集団CPTの長所としては，“トラウマ筆記”による精神的な負担がないことの他に，短期間で終了できることや，認知再構成のためにより多い時間を費やすことができることがある。しかし，基本的には個別セッションなしに進行するため，回避傾向の強い人や治療への動機づけが乏しい人には，セッション内外での取り組みが十分にできているか，注意が必要となる。

② 集団 CPT＋A(トラウマ筆記あり)

集団 CPT＋A は，“トラウマ筆記”を含むプログラムである。上述した CPT の利点が示される一方で，CPT＋A が有効とされる報告もある。Resick ら (2012)によると，解離症状が中程度以下の人には CPT-C が有効であるものの，解離症状が強い人には CPT＋A のほうが有効とされた。また，子ども時代の性的虐待の頻度が高かったクライエントには，CPT＋A の効果が高いことも示された(Resick, 2014)。複数の形式が可能な場合には，クライエント本人に選択させることが推奨されている(Resick et al., 2017)。

注：CPT＋A(トラウマアカウント：トラウマ筆記が含まれる)
　CPT＋C(コグニティブセラピーオンリー：認知療法のみでトラウマ筆記が含まれない)
　集団 CPT は通常 CPT-C のことを指す。

表 4-6　集団 CPT と集団 CPT＋A のセッション内容

セッション	集団 CPT	集団 CPT＋A
1	導入と教育	導入と教育
2	出来事の意味	出来事の意味
3	思考や感情を見つける	思考や感情を見つける
個別セッション※1		トラウマ筆記　1回目
4	スタックポイントを探る	トラウマ筆記　1回目
個別セッション※1		トラウマ筆記　2回目
5	考え直しの質問	トラウマ筆記　2回目
6	問題ある思考パターン	考え直しの質問
7	信念を考え直す用紙	問題ある思考パターン
8	安全	安全
9	信頼	信頼
10	力／コントロール	力／コントロール
11	価値	価値
12	親密さ，出来事の意味	親密さ，出来事の意味

※1　集団 CPT＋A のみ，第4，第5セッションの前に，個別セッションが設けられている。

クライエントは“トラウマ筆記”を治療者に読み聞かせるプロセスを個別セッションの場で行う。集団セッションでは，課題に取り組んだ感想を述べ，それぞれのクライエントの思いを共有する。個別セッションが設けられている理由は，他者のトラウマ体験の詳細を聞くことによりトラウマの二次受傷が懸念されるためである。この形式では，2回の個別セッションを含むため，集団の12回のセッションと合わせ，合計14回のセッションで構成される。

③ 集団CPT混合版

集団CPTには，集団版と個人版を交互で行う形式がある。セッション毎に個別セッションが組み込まれるため，集団CPTのみに比べ，クライエント個人のテーマに沿いやすく，治療上の安全性を高める点が長所である。その反面，少なくとも24回のセッションが必要となるため，時間的な負担となる。1週間に2回セッションを行うことができる施設においては，12週間で終了させることもできる。この形式は，集団CPTと集団CPT＋Aのいずれにおいても，個人版CPTと交互に行うことによって実施が可能とされる。

(4) グループの内容

a. 治療導入と心理教育，“出来事の意味筆記”

一般の集団精神療法と同様に，集団CPTにおいても，第1セッションでは，グループの約束事項について話し合い，PTSD症状，CPTの理論的根拠，スタックポイント(PTSDを生み出す極端な考えや信念)に関する心理教育を行う。その後，“出来事の意味筆記”を通し，トラウマが自分の考えや気持ちにどのような影響を与えたか，その意味合いを筆記する。そこで，クライエントが最悪に思うことや，自責感への気づきを通して，トラウマ後に変化した考え，信念に注目するように促す。“出来事の意味筆記”はトラウマ筆記と異なり，トラウマ体験について細かく記述するものではない。

b. “ABC用紙”による自己観察

第3セッションでは，“ABC用紙”を用いて，出来事・認知(思考)・感情のつながりに気づく課題に取り組む。否定的な感情に限らず，あらゆる場面において，私たちの感情が喚起される際に，認知のつながりがあり，その影響を受けていることに気づけるように促していく。“ABC用紙”は，以降のセッションでもクライエントの状態に応じたセッションまで継続する。

c. トラウマ体験の筆記による曝露(集団CPT＋Aのみ)

集団CPT＋Aのクライエントは，第3セッション後“トラウマ筆記”をホームワークで取り組み，その後，個別セッションの場で，治療者にトラウマの記述内容を読み上げる。特に解離症状が強く現れているクライエントには，このプロセスにより，トラウマの出来事と行き詰まっている認知との関連性や自然な感情への気づきを促す効果があるとされる。クライエントは第4，第5回目の集団セッションの場で，個別に取り組んだ“トラウマ筆記”の感想や気づきについて，他のクライエントと共有する。このプロセスにより，グループ全体で互いに支えあい，治療の回避を防ぐ関係性が生み出される。

d. スタックポイント，認知再構成法

“ABC用紙”で認知の影響についての理解が進むことで，さまざまな不快感情を生み出している認知の悪循環のパターンが浮き彫りになる。そのような思考パターンを，CPTでは“スタック(引っかかった)ポイント”と呼ぶ。スタックポイントの中でも，前半で，自責的な認知の処理を進めることが求められる。その結果，クライエントの自然な感情が感じられるようになるとされる。第6，7セッションでは，ソクラテス的質問とワークシートを用い，クライエントの特徴的な認知を再構成できるように取り組む。“ABC用紙”に続く，“考え直し用紙”や“考え方のクセ用紙”が紹介され，それぞれのクライエントの不適応的な思考パターンを，自ら振り返ることができるように促す。

e. 5つのテーマによる認知再構成

最後の5セッションは，トラウマにより影響を受けやすいとされる5つのテーマ(安全，信頼，力とコントロール，価値，親密さ)に注目する(図4-3参照)。それまでに学んだ認知再構成の手法をすべて総合した“信念を考え直す用紙”を用いて，クライエントそれぞれのテーマに気づきながら，認知の再構成を促進させる。

f. 治療終結と振り返り，“出来事の意味”

最終セッションでは，前半で取り組んだ“出来事の意味”を再度取り組み，最初に筆記した内容と比較しながら，クライエントの認知の変化について話し合う。このプロセスにより，クライエントは，さまざまな課題に取り組んだことで自身の症状をコントロールできたという，自己効力感を認識することになる。またクライエントらには，時に辛い課題を共に取り組んだ仲間同士の絆が生まれることも多く，集団CPTの最終セッション終了後にサポーティブな交流関係ができる場合もある。

~スタックポイントの例~

・安全：「世界は完全に危険な場所である」
・信頼：「人は信頼できない」
・力とコントロール：「自分は何もできない」
・価値：「自分は汚された」
・親密：「もう二度と，人と親しくなることはない」

図4-3 CPTの5つのテーマとスタックポイントの例(伊藤ら，2012より抜粋)

(5) 実施上の留意点

集団CPTを円滑に行う上で必要とされる点は次のとおりである。①研修会への参加，②安全性への配慮，体制，③個人CPTの実施，④スーパービジョンを受ける。

集団CPTを行うためには，国内で定期的に開催されるCPTの研修会に参加することが第一歩である。次に，実施する上の安全性を高めるため，治療介入によるクライエントの行動化も視野にいれ，精神科医や医療機関との連携体制を整えることが重要である。

また，集団CPTを導入するまでに，個人を対象としたCPTを少なくとも数ケースは行い，各セッションのアジェンダやセッションで使用する用紙の扱いに慣れておく必要がある。その際，CBTおよびPTSDを熟知した指導者からスーパービジョンを受けることが推奨される。

集団CPTはPTSD治療において複数のクライエントに同時に治療を提供できる画期的な治療法であり，個人精神療法の提供が難しい施設での運用も可能である。一度に多数の被害者を生み出す災害や事件，事故は少なからず存在する。そのような事態でも，より多くの方に迅速に提供できる治療法があるのならば，活用しない手はない。PTSDを呈するクライエントの集団を治療対象とする上での安全性については，病状や変化に見落としがないよう，個人精神療法以上に慎重さを欠いてはならない。しかしながら，どのような治療を行うにせよ，治療者がクライエントに注意を向け，慎重にセラピーを行うことは当然のことであり，その点において集団CPTも同様である。

治療者は，常に謙虚な姿勢でクライエントに向き合うことで，おのずと慎重さが生まれるものだと思う。トラウマ体験によるクライエントのこころの深い側面に関わる上での責任は重大だが，治療者は決して臆病になりすぎることなく，有効な治療法を学び，多くの対象者に提供できるようになることが望まれる。集団 CPT は，今後，国内での普及が期待される治療法の一つである。関心のある方には，開発者らによるマニュアル本の翻訳版(Resick et al., 2017 伊藤・堀越 監修，2019)をご覧いただき，研修会に参加することをお勧めしたい。
［正木智子］

4-8　複雑性悲嘆の集団プログラム

(1) グループの目的

多くの人が，大切な人との別れを体験する。通常の悲嘆であれば，死別後の数か月間を通して痛々しい悲しみの感情は徐々に和らいでいく。同時に，悲嘆に特有の心理社会的反応(故人への没頭，引きこもりなど)も和らぎ，愛する人のいない新しい生活を徐々に歩んでいく。一方で，一定期間(半年から 1 年以上)経過した後も，死別直後の強く激しい悲嘆の状態が継続する場合がある。そのような状態を複雑性悲嘆(Complicated Grief)といい，ケアが必要な状態として長年研究されてきた。

死別経験者において，少なくとも 2.4％以上の人が複雑性悲嘆を体験し(Fujisawa et al., 2010)，災害や犯罪といった突然の死や暴力的な死の場合にはその割合がより大きくなると報告されている。また，複雑性悲嘆の状態になくても，死別を契機に精神的・身体的不調の訴えが持続する事例も多い。日本における 1 年間の死亡者数は 110 万人前後であり，遺族はその数倍に上る。そのため，毎年数万人の人が複雑性悲嘆の状態に相当しうると推測される。

死別を体験した人への心理的ケアにはさまざまな段階がある。これまでの研究で，すべての遺族を対象とする一次予防(例：大規模災害後に全職員や全生徒に向けてプログラムを実施する)については有効性が認められていない。一方，ハイリスク群に対象を絞った二次予防のプログラムについては，悲嘆症状が比較的重い参加者に効果があると報告されている。さらに，複雑性悲嘆の状態を呈する遺族を対象にした介入として，複雑性悲嘆に特化した CBT(個人精神療法)の有効性が報告されている。

筆者らのグループでは，複雑性悲嘆に対する CBT の中核的な要素をわかりやすくまとめた，簡易な集団プログラム(ENERGY: Enhancing Natural Emotional Recovery for Enduring Grief and Yearning)を開発した。プログラム全体の目的は2つある。一つは「悲嘆の自然な流れが進むこと」，もう一つは「悲嘆とともに穏やかに生活できるようになること」である。このプログラムはさまざまな立場の支援者が実施できるよう，プログラムの要素を少なくし簡易にした。具体的には，医療や行政現場での心理士，自然災害などの被災地の保健師，自助グループでの遺族自身による実施などを想定して作られている。

（2）グループの対象

本プログラムはStep1とStep2の2段階で構成されている。Step1はすべての遺族やその家族に実施可能であるが，Step2は閾値下から軽度の水準にある複雑性悲嘆の遺族を対象にしている。冒頭に述べたように，悲嘆は誰もが体験する通常の心理的なプロセスである。そのため，死別から1年以上経過を見た上で，一定以上の悲嘆症状が認められる場合にStep2を適用する。複雑性悲嘆の症状が明確に認められる場合(中等症以上)には，利用可能であれば，より強度の高い個人精神療法が勧められる。具体的には，簡易版悲嘆質問紙(Ito et al., 2012)にて7点以下，または，複雑性悲嘆質問票(Prigerson et al., 1995)にて20点未満の症状を持つ遺族を対象とした。また，重篤なうつ状態や心的外傷後ストレス障害(PTSD)など，他の治療が優先されるべき状態であれば，それらに対する治療により，状態が安定した後に本プログラムの参加を検討すべきである。

（3）グループの構造

Step1『大切な人を失った後に』は遺族や故人の関係者(友人，教師など)を広く対象とした心理教育プログラムであり，悲嘆とその対応についての理解を深める講義と演習が含まれる。全1回，3時間で実施し，100人程度まで適応可能である。Step2『悲しみとともに生きる』は，Step1の参加者のうち，閾値下～軽度の複雑性悲嘆の遺族を対象としたCBGTである。このプログラムは，すでに有効性，安全性が確立されている複雑性悲嘆治療(Shear et al., 2005)や心的外傷後ストレス障害への認知処理療法(Resick & Schnicke, 1996)の要素をもとに構成されている。クローズドのグループで最大6人の参加とする。2週間に1回，1回2時間，全5回のプログラムである。

（4）グループの内容

悲嘆から自然に回復するプロセスには，喪失を悲しむという側面と，故人のいない生活を再建するという側面がある。Step1では，悲嘆という概念，死別後に典型的に見られる心身の反応，悲嘆から回復していく過程で大切な点についての心理教育が行われる。これらは，イラストを多用したスライドを用いて行われる。

Step2『悲しみとともに生きる』を表4-7に示した。各回，休憩を挟んだ二部構成となっており，前半は喪失や悲しみに向き合う側面を，後半は生活の再建に取り組む側面を扱う。

表4-7　プログラムの構成

	テーマ	前半	後半
1	悲嘆をともに振り返る	自己紹介，グループのルール作り	悲嘆モニタリング日誌，人生の目標を考える
2	起こったことの意味	死別後の心の引っかかり(認知)	悲嘆モニタリング日誌の振り返り
3	現在の生活を考える	心の引っかかりについて考え直す	現在の生活の困難と対処法の共有
4	思い出を振り返る	思い出や写真の共有	
5	困難な時に対処する	困難な時期への対処	これからの生活

(5) その他

複雑性悲嘆や，本節で紹介した複雑性悲嘆に対する集団プログラムの土台となっているCBTについては，以下のウェブサイト(http://plaza.umin.ac.jp/~jcgt/index.html)に情報を掲載している。

[伊藤正哉・中島聡美・松田陽子]

4-9　睡眠障害(不眠症)の集団認知行動療法

(1) グループの目的

不眠症は，適切な睡眠の機会や環境が得られており，その他の睡眠障害がみられないにもかかわらず，夜間の睡眠の問題とそれに伴う日中の機能障害によって定義される疾患である。日本では，不眠症の治療ガイドラインの第一選択は薬物療法である一方，欧米諸国の治療ガイドラインでは不眠症に対する

表 4-8　不眠症に対する各国の治療ガイドラインの第一選択

学会	発行年	第一選択として推奨される治療
アメリカ睡眠学会[1)]	2017	不眠症の認知行動療法
ヨーロッパ睡眠学会[2)]	2017	不眠症の認知行動療法
オーストラリア睡眠学会[3)]	2017	不眠症の認知行動療法
アメリカ内科学会[4)]	2016	不眠症の認知行動療法
日本睡眠学会[5)]	2013	薬物療法

注）各種ガイドラインの第一選択は睡眠衛生法を除いた十分な治療効果が実証されている治療法を示した。[1)]Sateia et al.（2017）. *Journal of Clinical Sleep Medicine, 13(2)*, 155–157.; [2)]Riemann et al.(2017). *Journal of Sleep Research, 26(6)*, 675–700.; [3)]Ree et al.（2017）. Sleep Medicine, 36, S43–S47.; [4)]Qaseem et al.（2016）. *Annals of Internal Medicine, 165(2)*, 125–133.; [5)]厚生労働科学研究班・日本睡眠学会ワーキンググループ作成（2013).

CBT（Cognitive Behavioral Therapy for Insomnia: CBT-I）が治療の第一選択とされている（表 4-8）（Qaseem et al., 2016; Ree, Junge, & Cunnington, 2017; Riemann et al., 2017; Sateia, Sherrill, Winter-Rosenberg, & Heald, 2017; 厚生労働科学研究班・日本睡眠学会ワーキンググループ，2013）。この国内外での不眠症に対する治療の第一選択の違いは，日本ではCBT-Iを実施できるセラピストが他のCBT以上に少なく，CBT-Iが有効であっても睡眠の問題を抱えた人に提供できないといった供給上の問題も大きいといわれている。このような背景から，不眠症患者の受療可能性という点で集団形式のCBT-I（集団CBT-I）が注目されている（山寺，2013）。本節では，集団CBT-Iの系統的レビュー（Koffel, Koffel, & Gehrman, 2015）を中心に集団CBT-Iについて紹介する。

（2）グループの対象

集団CBT-Iの系統的レビュー（Koffel et al., 2015）及びわが国における集団CBT-Iの対象者（Yamadera et al., 2013）は表 4-9 の通りである。表 4-9 から対象の平均年齢は40～60代となっているが，これは不眠症の有病率は年齢を重ねるほど高くなるため，その疾患の特徴が反映されたものと考えられる。また，対象疾患は不眠症だけでなく，身体疾患が並存する者も多く見られた。この傾向は個人CBT-Iでも同様であり，これらをふまえると，個人CBT-Iの適用者と同様の年齢層や疾患群であれば，集団CBT-Iの適用となりえると考え

表4-9　集団CBT-Iの対象者とアウトカム

研究	平均年齢	性別(女性比, %)	診断または症状	アウトカム
Currie et al., 2000	45.0	55.0	慢性疼痛+不眠	睡眠日誌, PSQI, BDI, MPI-PS
Epstein & Dirksen, 2007	58.2	100.0	がん+不眠	睡眠日誌, 睡眠の質
Espie et al., 2007	54.2	68.2	慢性疼痛+不眠	睡眠日誌, PSQI, SF PAIN
Jansson & Linton, 2005	49.0	86.1	慢性疼痛+不眠	睡眠の質の評定, HADS, 痛み
Miró et al., 2011	46.5	100.0	線維筋痛症+不眠	PSQI, HADS, MPQ
Morin et al., 1993	67.1	70.8	不眠症	睡眠日誌
Rybarczyk et al., 2002	67.8	66.6	慢性疾患+不眠	睡眠日誌, PSQI
Vitiello et al., 2009	67.7	88.2	関節炎+不眠	睡眠日誌, GDS, MPQ
Yamadera et al., 2013	61.7	44.0	不眠症	睡眠日誌, 活動計, PSQI, DBAS

注）Koffel et al.（2015）のメタ分析の対象となった論文にYamadera et al.（2013）を追加した。PSQI＝pittsburgh sleep quality index, BDI＝beck depression inventory, MPI-PS＝multidimensional pain inventory severity scale, SF pain＝SF-36 pain scale, HADS＝hospital anxiety and depression scale, MPQ＝Mcgill pain questionnaire, GDS＝geriatric depression scale, DBAS＝dysfunctional beliefs and attitudes about sleep scale

られる。

不眠の重症度を測定するアウトカムは，個人CBT-Iでは不眠重症度尺度(Insomnia Severity Index)が用いられることが多いが，集団CBT-Iではピッツバーグ睡眠質問票(Pittsburgh Sleep Quality Index)が用いられていることが多い。

(3) グループの構造

集団CBT-Iの系統的レビュー(Koffel et al., 2015)の対象研究及びわが国における集団CBT-Iはすべて週1回の頻度で実施されている。一方，1回のセッションに要する時間は60〜120分とばらつきがある(表4-10)。同様に，集団CBT-Iでは治療者1〜2名に対して対象者の数も3〜10人とばらつきがある。

(4) グループの内容

集団CBT-Iの系統的レビュー(Koffel et al., 2015)で用いられている治療技法を表4-11に示した。すべての研究で刺激制御法と睡眠制限法，睡眠衛生法

表 4-10　集団 CBT-I の構造

研究	セッションの構造			1回の集団の参加者	
	実施回数	1回の時間(分)	頻度	治療者	対象者
Currie et al., 2000	7	120	週1回	2人	5-7人
Epstein & Dirksen, 2007	4 (+2回の電話セッション)	60-120 (15-30)	週1回	1人	4-8人
Espie et al., 2007	5	60	週1回	記載なし	4-6人
Jansson & Linton, 2005	6 (+1回の追加セッション)	120	週1回	記載なし	6-10人
Miró et al., 2011	6	90	週1回	記載なし	5-6人
Morin et al., 1993	8	90	週1回	記載なし	4-6人
Rybarczyk et al., 2002	8	90	週1回	2人	5-6人
Vitiello et al., 2009	8	120	週1回	2人	4-8人
Yamadera et al., 2013	2 (+1回の個人セッション)	60-90 (10)	週1回	1人	3-5人

注）　Koffel et al. (2015)のメタ分析の対象となった論文に Yamadera et al.(2013)を追加した。

表 4-11　集団 CBT-I で用いられる治療技法

研究	刺激制御法	睡眠制限法	睡眠衛生法	認知的技法	リラクセーション
Currie et al., 2000	✓	✓	✓	✓	✓
Epstein & Dirksen, 2007	✓	✓	✓	△	−
Espie et al., 2007	✓	✓	✓	✓	✓
Jansson & Linton, 2005	✓	✓	✓	✓	✓
Miró et al., 2011	✓	✓	✓	✓	✓
Morin et al., 1993	✓	✓	✓	✓	−
Rybarczyk et al., 2002	✓	✓	✓	✓	✓
Vitiello et al., 2009	✓	✓	✓	✓	✓
Yamadera et al., 2013	✓	✓	✓	✓	−

注. Koffel et al.(2015)のメタ分析の対象となった論文に Yamadera et al.(2013)を追加した。
✓＝使用されている技法，△＝使用されてはいないものの，論文中に睡眠衛生法が認知的介入も含んでいると記載されている。

が用いられていた。これらの技法は個人CBT-Iで使用される標準的な治療技法である。各技法の詳細は不眠症の認知行動療法治療者向けマニュアル(Edinger & Carney, 2008)が参考になる。

a. 刺激制御法：眠る行動を促進する環境が整っていないために，不眠を維持させる不適切な行動が生起しやすくなるという理論に基づき，それらの不適応行動をより適応的な行動への変容を促す技法である。

b. 睡眠制限法：必要以上に身体を休めようとするために床上時間が長くなり，睡眠効率(睡眠時間／床上時間×100)が低下することによって不眠症状が維持されるという理論に基づき，睡眠効率を高めるための技法である。

c. 睡眠衛生法：睡眠に影響を及ぼす環境・身体的要因(例：カフェインやアルコールの摂取，日中の活動量や体温と睡眠の関係)について情報提供を行い，睡眠を妨害するような要因を整えるための行動変容を促す技法である。

d. 認知的技法："〇〇時間寝なければ明日の仕事に支障が出てしまう"といった非機能的認知が不眠症状を維持させているという理論に基づき，それらの認知の機能の変容を促すための技法である。

e. リラクセーション：緊張と相反するリラックス状態を作り出すことで睡眠を促すことを目的とした技法である。漸進的筋弛緩法や自律訓練法が用いられる。

(5) その他

近年，CBTの一つの潮流として，セッション数やセッション時間のコンパクト化がある。CBT-Iにおいても，これまで紹介してきた慢性不眠症ではなく，急性不眠症を対象としたものであるが，1回限りのCBT-I(ワンショットCBT-I)が報告され(Ellis, Cushing, & Germain, 2015)，集団形式のワンショットCBT-Iも開発されている(Boullin, Ellwood, & Ellis, 2016)。集団形式のワンショットCBT-Iは，従来の個別CBT-Iはもちろん，集団CBT-Iと比べても，大きくCBT-Iの受療可能性を高めるものであることから，今後の発展が望まれる。

[中島　俊]

4-10　慢性疼痛の集団認知行動療法

本節では慢性疼痛に特徴的な認知・行動的なメカニズム，グループの特徴に関して簡単にまとめた上で，慢性疼痛に対するCBGTプログラムの実際について紹介する。

(1) 慢性疼痛の認知・行動的メカニズム

痛覚は単なる「痛い」という感覚だけでなく，不安，抑うつなどの感情，「早く痛みが治まってほしい」「このまま続くのかもしれない」などの認知，あるいは活動の制限などの行動といったさまざまな側面を持っている。詳細は吉野ら(2012)，Yoshino et al. (2015)，吉野ら(2017)に譲るが，疼痛が慢性的に続くと，これらのネガティブな感情・認知・行動などの要因が増悪し，疼痛以外のさまざまな心理社会的問題が出現するようになる。また，これらの要因が疼痛の「痛い」という感覚を増強させてしまう。このような悪循環が慢性疼痛では形成される(図4-4)。CBTはそのような悪循環に対してアプローチを行うものである。

慢性疼痛の特徴的な認知としては破局的思考(例；痛みがどんどん悪くなってしまう，最後には動けなくなってしまう)，選択的注意(通常では気にならないような些細な身体の変化や痛みに気を取られてしまう)，自己効力感の低下(例；どうせ何をやっても無駄だ)が挙げられ，疼痛の強さ，抑うつなどの感情と大きなつながりがあるとされる。行動的特徴とすれば，ひきこもりなどの活

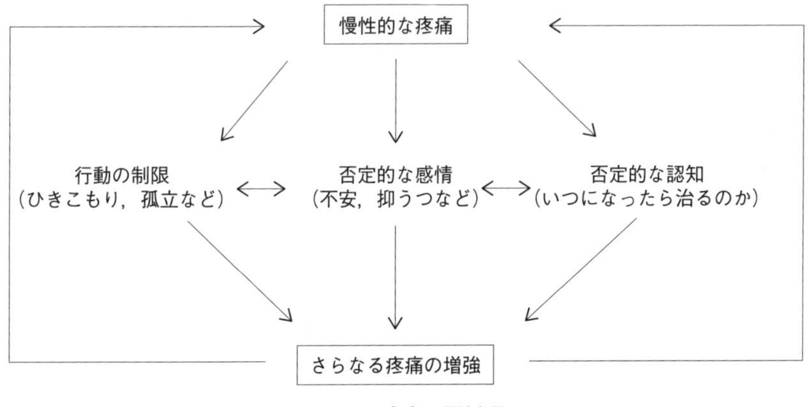

図4-4　疼痛の悪循環

動能力の低下がみられる。

（2）グループの目的

海外の報告(Morler, Eccleston, & Williams, 1999)では，慢性疼痛に対するCBTのうちグループでの実施は約8割となっており，慢性疼痛にとってグループの役割は大きいとされている。痛みを抱えていることについて周りの理解が得られにくいため孤立を感じることが多く，グループ形式で同様の環境を分かち合うことにより相互のサポート機能を得ることができる。また慢性疼痛によって引き起こされるひきこもりや，抑うつなど否定的な感情を表す他のメンバーを客観視することによって，適切な対処方法を考えやすくなる。さらに認知・行動面での検討を行う時には同じ痛みを抱える患者からのアドバイスや対処法が有益となる場合が多い(Thorn, 2004)。

（3）グループの対象

広島大学病院において2011年から慢性疼痛に対するCBGTを本格的に実施している。対象者は主に麻酔科，歯科麻酔科，整形外科，精神科を受診している慢性疼痛患者である。慢性疼痛の原因は，外傷性，心因性などさまざまであり，中には原因不明の場合もある。年齢，性別，疼痛の原因，部位が異なっていても，疼痛を同様に抱えているという状況によって凝集性が生じるといわれており(Thorn, 2004)，当院においては疼痛の原因や部位などによって区別せずにグループを構成することにしている。

（4）グループの構造

1グループは，患者4〜6名である。スタッフは現在のところスタッフ3名で，1名がリーダーとしてセッション全体のまとめ役となり，残り2名はコ・リーダーとして，患者のサポートを行う形式である。

（5）グループの内容

慢性疼痛の理論モデルおよびプログラム内容は海外の書籍(Otis, 2007; Thorn, 2004)を参考に作成した。プログラムは，セッション12回(1回／週の各90分)，約3か月間で構成されている(図4-5)。当院ではセッションが始まる前に各患者と何度か面接して治療関係を築けるような雰囲気作りを心がけている。セッション1では痛みの悪循環に関する心理教育(例；痛みそのものは

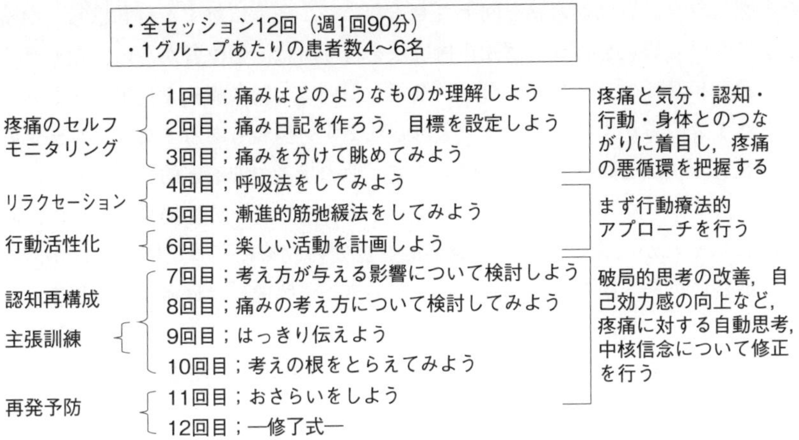

・全セッション12回（週1回90分）
・1グループあたりの患者数4～6名

疼痛のセルフモニタリング	1回目；痛みはどのようなものか理解しよう 2回目；痛み日記を作ろう，目標を設定しよう 3回目；痛みを分けて眺めてみよう	疼痛と気分・認知・行動・身体とのつながりに着目し，疼痛の悪循環を把握する
リラクセーション	4回目；呼吸法をしてみよう 5回目；漸進的筋弛緩法をしてみよう	まず行動療法的アプローチを行う
行動活性化	6回目；楽しい活動を計画しよう	
認知再構成	7回目；考え方が与える影響について検討しよう 8回目；痛みの考え方について検討してみよう	破局的思考の改善，自己効力感の向上など，疼痛に対する自動思考，中核信念について修正を行う
主張訓練	9回目；はっきり伝えよう	
	10回目；考えの根をとらえてみよう	
再発予防	11回目；おさらいをしよう 12回目；―修了式―	

図 4-5　慢性疼痛の集団認知行動療法プログラム

痛いという感覚のみならず，不安，抑うつなどの心理的要因を含んでおり，さらにそれらの要因によって痛みの感覚が強くなることがある，慢性的に痛みが続けば認知，行動などに影響を与えることになり，それらが痛みに影響を与えるという悪循環を生じさせるなど），目標設定を行う。目標は，疼痛自体の改善，抑うつなどの気分の改善，生活機能の改善も含まれることが多い。また医療機関への受診，鎮痛薬の減少なども目標になることがある。また初回セッションであり，患者間の緊張を和らげるために自己紹介などの時間も設け，できるだけグループ全体のリラックスした雰囲気作りに努める。セッション 2，3 では自身の疼痛の悪循環について把握するために痛み日記（吉野・岡本・山脇，2017）などを用いてセルフモニタリングを行う。自身の体験を通して疼痛の感覚，認知，行動，感情の関連性についての理解を促す（例；不安が強いと痛みを強く感じている，散歩をしている時には痛みが少し和らいでいる）。セッション外でもホームワークとして記入を促し，記載した内容は次回のセッションの最初にグループ全体で共有する。それぞれ他の患者が書いた内容で役立ちそうなものがあれば自身の生活でそれらの実践を促す。セッション 4，5 では腹式呼吸，漸進的筋弛緩法などのリラクセーション法を行う。セッション 6 では行動面での改善のために，行動活性化を行う。この頃になると患者間での会話も活発になり，グループとして打ち解けた雰囲気になっていることが多い。セッション 7 からの後半では，主に認知再構成法において破局的思考の改善を図ったり，自己効力感を向上させるために，痛みに対する自動思考，中核信念について修正を行う。認知再構成法を行う時は，治療者からの意見も行うが，患者相互でのディスカッションを促していく。同じ痛みを抱えた人からのアドバイスの方がより的確で受け入れられやすい場合もある。またグループの他の患者の状況を観察することによって，他の患者の非適応的な認知や行動を把握し，それらを認知再構成法としてディスカッションで指摘することで，結果的にはそれが同様の自身の非適応的な認知の改善にもつなげることができる。最後に再発予防を行い，修了としている。最終的には疼痛はある程度みられても，日々の生活において過度な精神的ストレスがなく，生産的な満足のいく活動に従事し，医療機関も定期的に受診できる状態になることが大切である。

多くの慢性疼痛の患者は，CBGT に参加する前に自分のような境遇の人がどれだけいるのかということを質問してくることが多い。実際に参加すると，お互いに共感し合い，グループの凝集性もほとんどのグループで得られている。このように集団という枠組みでの治療は彼らにとって大変有意義であると日々の臨床で感じている。　［吉野敦雄］

4－11　過敏性腸症候群の集団認知行動療法

（1）グループの目的

過敏性腸症候群(Irritable Bowel Syndrome; 以下 IBS)は，通常の臨床検査で検出されるような器質的疾患が存在しないにも関わらず，腹痛や腹部不快感，下痢や便秘などの便通異常が慢性かつ再発性に持続する疾患である(Drossman, 2006; 福土，2009)。現在，最も広く使われている診断基準は Rome 基準によるものであり，最新版である RomeIV では次のように規定されている。最近3か月のうち，平均して1週間に少なくとも1日以上，繰り返しの腹痛が存在し，それらは次のうち2項目以上の特徴と関連している：①排便によって改善，②排便頻度の変化で始まる，③便形状(外観)の変化で始まる。

IBS では不安やストレスが腹部症状を維持・悪化させると考えられている。腹痛や不快感といった腹部症状自体の苦痛に加え，外出に対する不安や他者に症状を知られることに対する恐れなどから，外出を控え人間関係が疎遠になるなど生活の質も損なわれる。さらに抑うつや不安症，特にパニック症が併存することも多い。IBS に対する CBT では，不安やストレスにつながる認知の変容，そしてその状態を維持させてしまう行動，特に回避行動の変容を標的とした介入を行っていく。

（2）グループの対象・構造

IBS に対する CBGT の主な研究の一部，および筆者らが実施中の研究（Kikuchi et al., 2020）を含め，それぞれの治療構造を表 4-12 にまとめた。その多くは 3〜6 名程度のグループに対し，8 セッションから 10 セッション程度，1 セッション 90〜120 分程度で構成されている。筆者らの実践を含め，ほとんどはクローズド形式で実施されている。

グループを男女混合にするか，同性のみとするかは重要な問題である。Toner, B.B. ら（1998）の報告によれば，彼女らの治療に参加した患者の多くは

表 4-12　IBS に対する主な CBGT の構造の比較

	時間	セッション数	治療期間	グループ人数	特記事項
Blanchard & Schwarz（1987）	60 分	12	8 週間	3〜6 名	バイオフィードバックを併用している IBS に対する最初期の CBGT
van Dulmen et al.（1996）	120 分	8	3 か月	4 名程度	
Toner et al.（1998）	90 分	14	12 週間	6 名	日本語版のマニュアルが出版されている 初回および 8 セッション目に個人セッションを行う セッション数は 10 回から 20 回の幅が認められている
Vollmer & Blanchard（1998） Blanchard（2001; 2007）	90 分	10	10 週間	3〜6 名	英語版ではあるがマニュアルが出版されている 個人療法（Greene & Blanchard）を集団に応用したもの ほぼ認知療法
Tkachuk et al.（2003）	90 分	10	9 週間	3〜8 名	最初の週は 2 回のセッションを実施する
Gros et al.（2011）	90 分	12	12 週間	4〜10 名	パニック障害と IBS 併存の患者に対して，パニック障害向けの CBT を応用して実施 身体感覚への曝露を取り入れている
Ljostsson et al.（2010）	120 分	10	10 週間	4〜6 名	マインドフルネスを取り入れている
Kikuchi et al.（2020）	90 分	10	10 週間	4 名程度	Craske ら（2011）による個人療法を集団に応用したもの

男女混合グループに好意的であったという。ただし，参加者の背景によっては同性のみのグループも考慮する方がよいだろう。例えば，IBSの発症には虐待などの外傷的体験が関与することがあるという報告がある。こうした問題の中には男女混合のグループで話し合うことが難しいテーマもあり，それがIBSに深く関与していると考えられる場合には，同性のみのグループを検討することも有益である。

（3）グループの内容

多くのプログラムにおいて共通する構成要素としては心理教育，症状モニタリング，リラクセーション，認知再構成法，曝露といった技法があげられる。

IBSにあまりなじみのない治療者の場合，心理教育でどのようなことを伝えるかのイメージがわきづらいかもしれない。ここでは，筆者らが実践しているプログラムで行っている心理教育の一部について，例を交えて紹介する。なお，このプログラムはCraske, M. G. ら(2011)によって開発されたCBT-IE(CBT-interoceptive exposure)と呼ばれるプログラムを集団用に改変したものである。

a. IBSの特徴

IBSの症例を示すなどしてIBSに特徴的な症状について説明する。また，IBSの疫学などについても紹介する。

「日本人の10人に1人が同じような悩みを抱えています。過敏性腸症候群(IBS)は，腸の器質的な異常(例えば腫瘍や特定の食物に対する弱さなど)が見つからないにも関わらず，お腹の痛みやお腹の張り，下痢や便秘などの症状が続く病気です」

b. IBSのCBTモデル

IBSをCBTモデルにそって説明する。例えばCraskeらのモデルに従えば図4-6のように図式化できる。

c. 脳腸相関

脳腸相関の考えに沿ってIBSに関わる脳と腸の関係について説明する。

「私たちの感情とお腹の働きには深いつながりがあります。最近の科学の進歩によって，私たちの腸と脳の中の感情に関係した部分とが，実際に神経でつながっていることが証明されるようになりました。ストレスを受けると脳は腸の刺激に敏感になり，弱い刺激に対しても痛みや不快感を感じやすくなることが分かっています」

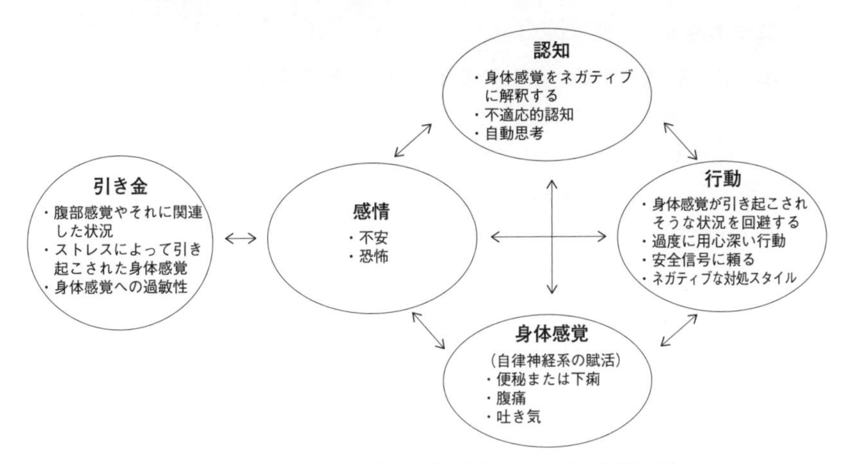

図 4-6　Craske らの理論にもとづく IBS の認知行動モデル

d.　自律神経の働き

自律神経の働きにそって，感情やストレスと腸症状の関連について説明する。

「危険(ストレス)が生じると，身体は自律神経の働きによって，“戦うか・逃げるか”の準備を自動的に整えます。例えば，心臓の鼓動は早くなり，筋肉がこわばることで，素早く動けるよう備えます。本来，こうした身体の働きは私たちが生きていくために役立つものです。しかし，こうした働きが問題を引き起こしてしまうこともあります。例えば，危険やストレスを感じると，危険に対処するために筋肉に血液が送られます。その分，腸に送られる血液は減り，腸の機能は低下します。このように腸の機能が低下した状態が続くと，下痢や便秘などの症状が強まります」

e.　条件づけ

条件づけの概念を紹介し，IBS の症状形成について説明する。

「お腹の感覚を思い出させるような文脈・状況に接しただけで，実際に感覚が生じるようになることがあります。最初は，たまたま別の原因でお腹が痛くなったのかもしれません。ところが，条件づけによって，本当は危険な状況ではないのにアラームが誤作動するようになってしまう場合があります。条件づけは本来であれば役に立つ機能ですが，それが誤作動を起こすことで日常生活に不都合を起こしてしまう状態が，IBS の 1 つの形といえます」

f. 注意の働き

注意がIBS症状や不安に与える影響について説明する。

「IBSでお腹の症状を経験すると，以前よりもお腹の動きに注意が向くようになります。するとお腹の感覚に敏感になってきます。いつもなら気づかないような感覚に過剰に注意が向き，異常だととらえて不安になってしまう状態です」

集団版CBT-IEではこうした心理教育のもと，10回のセッションの中で注意トレーニングや認知再構成法，現実曝露，身体感覚への曝露といった技法を用いて腹部症状に対する不安感を低減させることにより，IBS症状の改善を目指していく。概ねセッション1では心理教育およびモニタリング，セッション2では注意トレーニング，セッション3と4では認知再構成法，セッション4と5では現実曝露，セッション5と6では身体感覚への曝露，セッション7～9では身体感覚を惹起させながら行う現実曝露，そしてセッション10では再発予防といった内容を実施する。

集団療法は費用対効果の観点から論じられることも多いが(Vos et al., 2005)，参加者相互が共感的な態度を示すことで安心感と治療意欲が高まることも利点である。筆者らの経験では，IBS患者は特に後者からの利益が多い印象を受ける。IBS患者は周囲や医療者のIBSに対する理解不足と，それに伴う苦痛や孤独感を訴えることが多い。便通異常をともなう症状の性質や羞恥心もあり，IBS患者は自身の症状を周囲に共有しにくいものである。しかし，集団精神療法ではお互いが似たような経験を有していることがあらかじめ分かっており，参加者間で共感を得やすく，安心安全な場と感じやすいようである。同じような悩みを持つ人が自分以外にも多くいることに驚く患者も多い。

また，筆者らが実践しているCBT-IEでは身体感覚への曝露とそれにともなう不安を扱うが，恐れている身体感覚を引き起こすことに対して特に強い不安を示す参加者も多く，時に拒否されることもある。ただし，不安の程度には個人差があり，参加者全員が一律に拒否することはほとんどない。自分と同じような悩みを抱えた「共感できる人」が目の前で曝露を行うことに触発され，自らもその場で実践できるようになる場合もある。その場で実践しない場合でも，他の参加者が曝露によって不安が下がっていく過程や破局的な予想が外れる経過を実際に聞いて追体験できることで，曝露に対する不安の軽減や治療意欲の向上に繋がったという意見が多かった。

（4）その他

IBS 特有の問題を測定するための尺度としては，腹部症状の重症度：IBSSI-J（Shinozaki et al., 2006）や疾患特異的な QOL：IBS-QOL-J（Kanazawa et al., 2007），腹部特異的な不安感：VSI（Saigo et al., 2014）などが標準化されている。また，Toner らのプロトコルについては日本語の書籍を参照することができる（『過敏性腸症候群の認知行動療法：脳腸相関の視点から』（星和書店，2011））。

［大江悠樹・菊池志乃］

4-12　薬物・アルコール依存症者を対象とした回復支援～SMARPP

（1）グループの目的

SMARPP（Serigaya Methamphetamine Relapse Prevention Program: スマープ）は，薬物やアルコール使用の問題を抱えた人のための回復支援プログラムである（小林・松本・大槻他，2007；松本・今村，2015）。依存症は慢性疾患であり，回復の過程で失敗はつきものであるが，従来の依存症治療では断薬・断酒を頑張っている間は治療につながっていても，再使用するとドロップアウトしてしまうということが少なからずみられていた。SMARPP では，たとえ治療途上で薬物やアルコールを使ってしまうことがあったとしても，治療の場につながり続け，薬物やアルコールなしで過ごす日々を増やしていくこと，そして，自助グループのような地域の援助資源につながり，回復に役立つネットワークを広げていくことを目指している。

（2）グループの対象

グループの対象は，薬物やアルコール等の物質使用障害の問題を抱えた患者である。SMARPP では，参加の条件として「断薬の決意」を必ずしも求めてはいない。断薬するかどうか迷っている人や，薬物をやめると決意したわけではないけれどもプログラムに参加するのはかまわない，という人も受け入れている。

（3）グループの構造

セッションは週に 1 回，約 90 分かけて行われる。現在用いているワークブックは「SMARPP-24」であり，1 クールは 24 回で修了となる。途中参加可のオープングループであり，修了期限は設けていないため，必要性に応じて複数クールの参加が可能である。

グループの運営スタッフは，医師，心理士，精神保健福祉士，看護師からなる医療スタッフと，自らが薬物依存症で苦しんだ経験を持つ当事者スタッフとで構成されている。当事者スタッフの存在は大きく，実体験に基づく具体的な助言をもらえるだけでなく，自助グループや民間リハビリ施設への橋渡し役を担ってくれている。

(4) グループの内容

SMARPPは，UCLAの関連機関で開発された「マトリックス・モデル」を参考としている(Obert et al., 2000)。「マトリックス・モデル」とは，依存症に対するCBTの一つである「リラプス・プリベンション(再発予防)」の考え方に基づく統合的な治療モデルのことである。その中核はリラプス・プリベンションであるが，家族教育，自助グループなども平行して組み込み，動機づけ面接，随伴性マネジメント，薬物モニタリングなどを効果的に用いながら治療を進める点が特徴的である。こうしたエッセンスはSMARPPの中にも取り入

表4-13　SMARPP-24の目次

1　なぜアルコールや薬物をやめなくてはいけないの？	13　薬物・アルコールに問題を抱えた人の予後
2　引き金と欲求	14　回復のために　信頼，正直さ，仲間
3　薬物・アルコールのある生活からの回復段階 最初の1年間	15　アルコールをやめるための三本柱 抗酒剤について
4　あなたのまわりにある引き金について	16　危険ドラッグと睡眠薬・抗不安薬
5　あなたのなかにある引き金について	17　アルコールによる身体の障害
6　薬物・アルコールを使わない生活を送るための注意事項	18　再発を防ぐには
7　依存症ってどんな病気？	19　再発の正当化
8　これからの生活のスケジュールを立ててみよう	20　アルコールによる脳・神経の障害
9　覚せい剤の身体・脳への影響	21　性の問題と休日の過ごし方
10　精神障害と薬物・アルコール乱用	22　あなたを傷つける人間関係
11　合法ドラッグとしてのアルコール	23「強くなるより賢くなれ」
12　マリファナはタバコより安全？	24　あなたの再発・再使用のサイクルは？

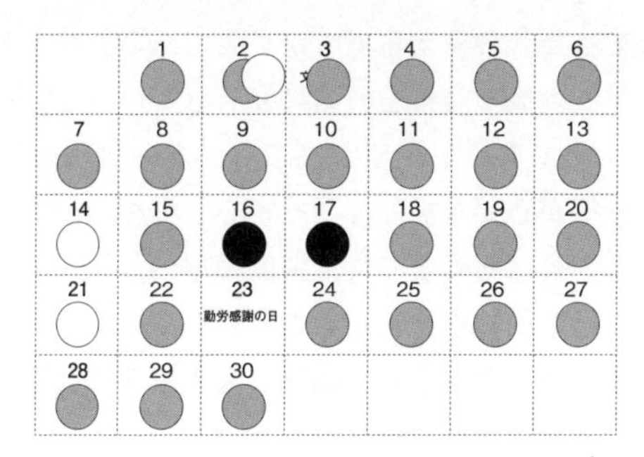

図 4-7　チェック・イン時に用いるカレンダー

れられている。

a. テキストの内容

「SMARPP-24」のワークブックの目次を表 4-13 に示す。ワークブックの中では，薬物依存症とはどのような病気か，どのような回復プロセスをたどるのかといった心理教育的な内容に加えて，どのような時に物質使用の渇望が生じやすく，今後はどう対処すれば再使用を防止できるかといった対処スキルの習得に重きを置いている。自分にとっての「引き金」を同定すること，再発の注意サインが思考・感情・行動面でどのように表れるのか，自分自身のパターンを知ること，具体的な対処方法と援助の求め方を考えること，などはワークブックの中で繰り返し扱われるテーマである。

b. セッションの流れ

セッションは，①チェック・イン→②テキストを読んで設問に答える→③チェック・アウトという流れで進められる。チェック・インの際にはカレンダーに前週からの薬物やアルコールの使用について●(赤)，◎(黄)，○(青)の 3 色のシール(それぞれ，やめたい薬物の再使用あり，強い渇望または他の依存性物質の使用あり，再使用なし等を意味する)を貼って示し，使用状況や渇望，生活上の出来事を話していく。チェック・アウトでは，セッションの理解度や薬物をやめていく自信を数値化しながら，次のセッションまでの懸念事項やその対策について共有する。そして，最後に希望者には尿検査を行い，使用状況の客観的なモニタリングを行っている。

c. 実施にあたっての工夫

実施にあたって心がけているのは次の 3 点である。まずはセッションの場を「安心・安全な場」にすることである。依存症からの回復には，正直に「使いたい」,「使ってしまった」と言える場所が必要である。そうした失敗を含めて支援者と話し合い，その後の対策を一緒に検討していくというプロセスは欠かすことができないものである。渇望が高まる，あるいは再使用に至るといった，最も危機的で支援が必要な場面でこそ安心して相談ができるように，セッション内で話された内容はあくまでも治療的に用い，司法的に用いられることがないように配慮し，家族にも伝えないことにしている。また，セッションが過度に渇望を刺激する場となったり，薬物を入手する機会となったりしないように，参加者には最低限のルールを提示している。

次に，積極的に「報酬」を与えることである。SMARPPでは，望ましくない行動に罰を与えるのではなく，望ましい行動に報酬を与えることに多くの努力を払っている。最も基本的な「報酬」は，プログラムへの参加を歓迎する態度や積極的な褒め言葉である。飲み物やお菓子を用意して居心地のよい治療空間を作ることもその一環である。また，修了時に賞状を渡すこと，参加時に貼るシールなどもささやかな報酬といえよう。

最後は，プログラム欠席者に対する積極的なコンタクトである。これまでの依存症臨床は,「去る者は追わず」というスタンスが主流だったが，SMARPPでは「去ろうとする者を追いかける」ようにしている。具体的には，無断欠席時には，事前に教えてもらっているアドレスにメールを送るという方法である。返信があったり，翌週に苦笑しながら来院する場合も少なくなく，一定の意味はあるのではとの感触を得ている。

d. SMARPPの効果と普及状況

これまでの効果研究により，SMARPPには，①参加者の依存症に対する問題意識や治療動機を高める，②参加者の治療継続性を高めるとともに，自助グループのような他の支援資源の利用率を高める，③スタッフの依存症者に対する態度を肯定的なものに変化させる，といった効果があることが示されている(松本，2013)。多くの先行研究により，薬物依存に有効な治療とは，どのようなタイプの治療であれ，とにかく長く続けることであることが明らかにされており，米国薬物乱用研究所の「薬物依存症治療の原則」においても，治療方針の一つとして治療の継続性について示されている(National Institute of Drug Abuse; NIDA)。このことは，プログラムの重要な要素とは治療脱落率の低さであることを意味している。そうした意味では，SMARPPは十分に効果的な介入方法といえるのではないかと考えている。

SMARPPは，平成28年(2016年)度の診療報酬改定において，薬物依存症の治療として診療報酬加算が認められた。令和元年(2019年)10月現在，SMARPPおよびSMARPPをベースとしたプログラムは全国60カ所以上の保健医療機関や民間リハビリ施設で使われているほか，保護観察所や少年院においても活用されるようになっている。その結果，司法機関，医療機関，地域の支援機関で一貫した治療プログラムを提供できる環境が整いつつある。治療継続性の向上のためにも，今後もプログラムの改訂と普及とを行っていく予定である。 [今村扶美]

4-13 パーキンソン病患者の介護者への集団認知行動療法

(1) グループの目的

パーキンソン病(Parkinson's disease，以下，PD)は無動，固着，振顫の運動症状を主症状とする神経変性疾患である。近年では，うつ，幻覚，妄想などの非運動症状が注目されている。うつや不安は，症状を破局的に捉えて治療効果を感じにくくし，QOLが低下する要因となる(The Global Parkinson's Disease Survey Steering Committee, 2002)。そのような背景があり，非薬物療法としてCBTが徐々に注目されるようになった(村田・岡本，2013)。

PDの介護者に介入する系統だったCBTは少ない。しかしながら，介護負担は，PD患者の精神症状と関連する。Lökkによると，介護負担は，運動症状の深刻度を示すHohen-YahrやUnified Parkinson's Disease Rating Scale(統一パーキンソン病評価尺度：UPDRS)の得点と相関するという(Lökk, 2008)。Leiknesらは，PD患者を介護する親族198名と，非PDの介護者168名とで，介護負担を比較した。その結果，PD患者の介護者の介護負担度は3倍高かった(Schiehser et al., 2013)。Anetteらは，PD患者をもつ123人の介護者を対象に，介護者負担感と関連する要因を調査した。結果は，介護者の年齢，性別に関係なく，介護者の負担感は，患者のうつ，及びQOLと有意に相関した(Anette, 2006)。筆者の経験では，患者と介護者とのコミュニケーションの不和がストレス要因となり，うつや不安を助長していることが多かった。そこで，国立精神・神経医療研究センター(以下，NCNP)では，CBGTでPD患者，介護者のコミュニケーションの円滑化を図るプログラムを開発し，試験的に取り組みを開始した。

（2）グループの対象

Hoehn-Yahr（PDの重症度）により，心理社会的課題は異なることから，PD患者が経験する心理社会的課題は多様である。グループで介入する場合，対象者を重症度別に分けるか，全症状ステージに共通する課題を取り扱うかを選択する必要がある。PD患者が心理的に葛藤しやすいのは，診断を受けた直後と，症状が変動しやすい罹病後5～10年だといわれる。疾患の受容，予後の不安，症状の進行に伴う活動停滞や，自信喪失などが精神療法で取り扱うテーマになる（村田ら，2017）。現実的に，罹病から間もないPD患者の介護者に対して，症状が進行した際の問題を提示することは，介護者の準備を整える側面と，不必要な不安を抱かせやすい側面とがある。対象者を選別するか，しないかについては意見が分かれる。集団療法の性質上，認知症がなく，通常の対話が可能な者が対象にふさわしい。PDの重症度で言うならば，外来通院が可能なHoehn-Yahrが1-3程度の患者がGCBT対象になり得ると思われる。

（3）グループの構造

NCNP版の介護者CBGTプログラムでは，PD患者とその介護者を含めたグループ構成とした。介護者は，なんらかの形で介護に関与している配偶者，子，その他の親族，友人などとした。本プログラムは，PD患者と介護者が同伴で参加するため，予定を合わせる両者の負担を考慮して，2回で完結するプログラムとした。週1回，2週間に渡り実施し，1セッション90分で行う。実施は，PDの基本的知識を有する臨床心理士が担当し，ファシリテーター1名，コ・ファシリテーター1名で実施者を構成する。

（4）グループの内容

このCBGTは，CBTの理念をPD介護者の介護，負担感などに応用して開発された。PD患者が典型的に抱える疾患の受容，PD症状を持ちながらの社交場面，PDの予後，症状の変動などに不安が生じやすいPDの心理的側面を，CBTモデルを用いて，PD患者，介護者に理解してもらう。その上で，PD患者，介護者のコミュニケーションの仕方を，支持的，または指示的な関わりに分類し，関わり方を客観視する。その上で，場面に応じて適応的な方法を再考慮，再選択する機会を提供する。具体的な内容は以下の通りである。

[セッション 1]

- **PD と心の関係を理解する**(罹病によりもたらされる心理的葛藤や変化を理解する)
- **自分の感情を理解する**(葛藤により生じる典型的なネガティブ感情について学び，参加者が現在抱いている感情を同定する)
- **ネガティブ感情の解決を振り返る**(患者，介護者両者が経験している感情を，それぞれがどう解決しているのか，結果的に解決に結びついているのかを評価し話し合う)
- **ホームワーク：セルフモニタリング**(CBT モデルで自分を観察する)

[セッション 2]

- **ホームワークの確認**
- **悪循環の同定**(前回以降に経験した，感情を解決が難しかった場面を取り上げ，その時の対処の有効性を検証する)
- **新しい対応を検討**(感情を解決する行動をコントロール型，回避型に分類し，これまでに試していない方法を模索する)
- **ディスカッション**(患者，介護者からよく問題として挙げられる事例をグループで検討する。参加者から見て，どのような解決策が可能かをブレインストーミングし，実際の生活で応用する計画を立てる)

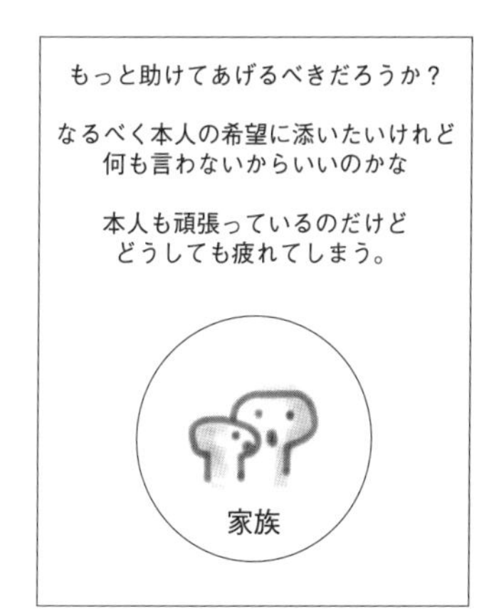

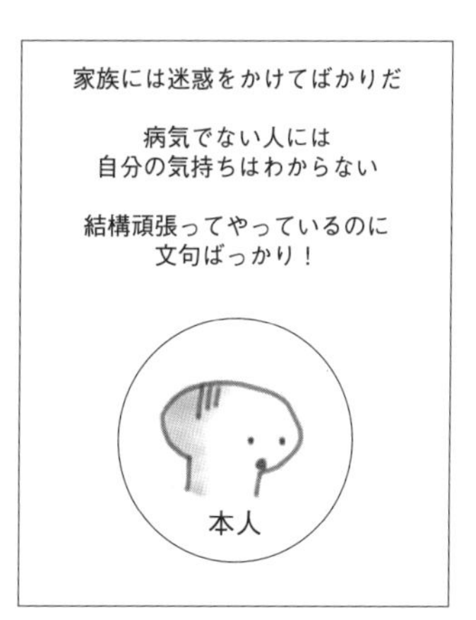

図 4-8　よくあるもやもや
(NCNP 版 PD caregiver program より抜粋)

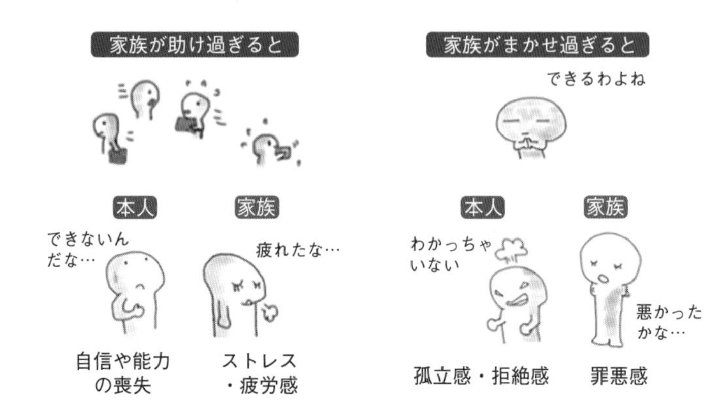

図 4-9　支援と自立のバランス

PD 患者と介護者とのコミュニケーション不和は，症状の見解のギャップや，支援と自立のバランスに起因するものが多い。PD ではない介護者にとっては，運動症状がどの程度，PD 患者の実行機能に影響するか想像しにくい。例えば，介護者は，患者のリハビリを念頭に置き，極力自立を促すように心がけているとする。一方，PD 患者の方は，家族から突き放されたと感じ，孤独感や無力感に苛まれて活動への意欲を失ってしまう。CBGT では，こういった症状の見解の相違の例を提示し，参加者に自覚と対話を促す(図 4-8)。自立と支援のバランスは，患者が何を助けてほしいか，何を自分でやりたいか，介護者が何を助けることができるか，または何が負担かを具体的に話し合う(図 4-9)。その上で，「私」を主語にした(Ｉメッセージ)を用いて明確に意思表示をしたり，感情を言葉にして伝える練習をしたりし，今後のコミュニケーション不和に対する対策を話し合う。それでも，対処が難しかったり，家族だけでは支えられなかったりする場合には，個人 CBT を提案する。　［新明一星］

4－14　認知症介護家族者への集団認知行動療法

(1) グループの目的

認知症の介護に携わる家族(以下，介護家族)は，認知症患者(以下，患者)の認知・生活機能低下，Behavioral and Psychiatric Symptoms of Dementia

(BPSD)，喪失と悲哀，家族内の役割変化や不和，介護家族自身の余暇や社会的つながりの減少，などにより大きな心理・身体ストレスを経験する。介護家族の抑うつ・不安の有病率は30〜50%と報告されており(Joling et al., 2015)，在宅介護困難や介護虐待などと関連する。認知症介護家族へのCBTは，こういった介護家族の心理ストレスや介護負担感を軽減し，ひいては，患者の心理状態やQOLを改善したり，在宅で過ごせる期間を延長させたりすることを目的とする。

（2）グループの対象・構造

認知症介護家族が対象である。認知症にはさまざまな型があるが，それによって対象を分けることは通常は行われていない。プログラムの途中で参加者の出入りが自由なオープン・グループよりも，参加者を固定したクローズド・グループの方が，効果量が高いと考えられている。グループは1回90〜120分，実施間隔は毎週〜隔週，回数は6〜12回程度が一般的である。効果量を高めることを意図して密度の高い治療構造とするか，参加しやすさを優先して緩やかな構造にするかは，実施する施設ごとに検討すればよいと考えられる。

（3）グループの内容

介護家族の介護負担，抑うつ，不安の軽減を目的としたさまざまなプログラムが報告されているが，心理教育，行動マネジメント，介護者自身のストレス

表4-14 CBGTの構成例

回	知識	技能	ストレスマネジメント
1	認知症の基礎知識	応用行動分析(気分と行動のつながり)	リラクセーション法
2	患者の行動を理解する	応用行動分析(きっかけや反応への介入を考える)	サポート体制を考える リラクセーション法
3	患者の行動を理解する	行動活性化(講義)	行動活性化(演習)
4	患者との上手なコミュニケーション(講義)	患者との上手なコミュニケーション(演習)	認知再構成(演習)
5	患者との上手なコミュニケーション(講義)	コミュニケーションの実際	認知再構成(演習) マインドフルネス
6	将来に備える	終結と将来への対処	体験の共有

マネジメントなどを組み合わせた複合的介入(multi-component intervention)が最も効果的である(Selwood et al., 2007)。表 4-14 に一例を示す。

a. 心理教育

認知症の知識(現在の症状，将来予期される事項，利用できる社会資源)，介護者自身のストレスについて心理教育を行う。

b. 行動マネジメント

応用行動分析を用いて，きっかけ→行動→反応，の 3 つ組で患者の行動に対応する。

> 例)夜中の 3 時，認知症の A さんが家中をうろうろして，娘を起こしました。娘は困惑し，「お母さんベッドに戻って！まだ 3 時よ。私は明日仕事なの」と言いました。「眠くないのよ。今日はでかける予定じゃない？準備しなくちゃ」と A さん。娘は「いい加減にして！」と叫び，A さんは泣き出してしまいました。娘は絶望的な気持ちになりました。

問題となる行動に面すると，私たちはその行動自体を修正したくなるが，多くの場合，それは困難である。介入可能な「行動のきっかけとなる事象」と「行動に対する反応」に対する働きかけを検討する。行動の背景にある気分を推測できるとそれはさらに容易になる。

この事例では，「夜中にうろうろする」行動のきっかけとして，夜間目が覚めてしまったこと(さらにその背景に，前日の昼寝などが想定される)が挙げられる。イライラした娘の対応は患者(A さん)の心細さを助長すると想定される(図 4-10)。

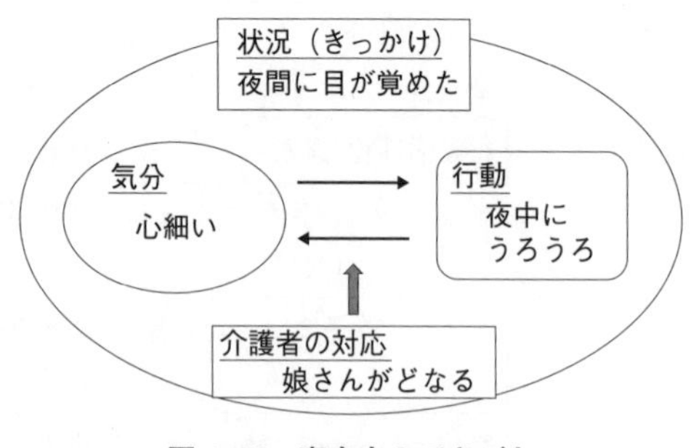

図 4-10　真夜中のできごと

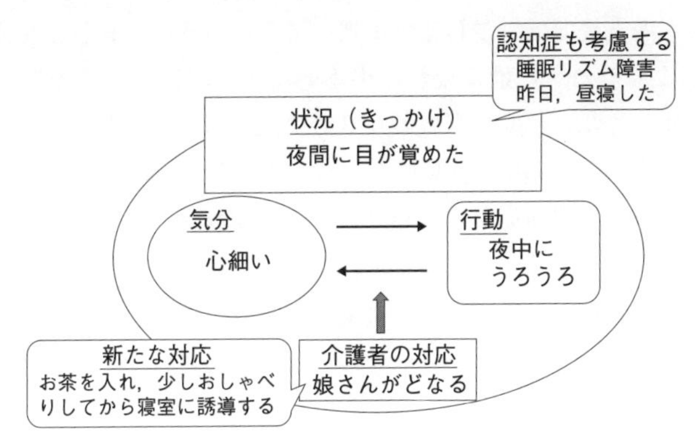

図 4-11　応用行動分析に基づく BPSD の理解と対応の例

それに対して，別の対応を考えてみる。「行動のきっかけとなる事象」については，夜間目が覚めてしまうこと(例として，前日の昼寝などを背景に想定)に対する対策を考える。また，見当識障害のある患者にとって夜中に一人でいることは心細い感情を伴うと想像される。娘が怒鳴ることは，さらに患者の心細さを助長させてしまうと想定され，患者の心細さを緩和する対応を検討する(図 4-11)。

c. 介護家族のストレス・マネジメント

リラクセーション法，行動活性化，認知再構成法などを教育する。行動活性化では，介護が生活上の最優先になっていることが多い介護家族が，無理のない形で自身の楽しみや達成感を増やせる活動計画を話し合う。介護に関するサポートを周囲に求めるためのアサーショントレーニングも行う。マインドフルネスに基づいたエクササイズは，リラクセーション効果と共に，受容を促す一助となる。

(4) その他

筆者のグループでは，英国の STrAtegies for RelaTives(START)プログラム(Livingston et al., 2013)を，日本の現場で実施しやすい形態に修正し(田島・石川・藤澤，2019)，病院，地域包括支援センター，訪問看護などで効果検証を行っている(田島他，2018)。都内の認知症疾患センターで実施した集団精神療法のパイロット試験では，介護家族の抑うつ，不安，介護負担，QOL が介入前後で有意に改善し，現在，ランダム化比較試験を実施中である(藤澤他，2019)。

介護家族への支援では，これまでに述べてきたようにさまざまな知識やスキルを教示するものの，背景に流れる根本的なテーマは，患者の自立性の喪失と，それに伴って変わりゆく家族の在り方に関する悲哀である。

認知症介護家族へのCBTの要点を一言で述べるならば，認知症を持つ患者の気持ちを理解し，認知症という病気によって崩れかけていた患者と介護家族との結びつきを，さまざまな認知・行動的スキルによって結びなおし，本来の温かい家族関係を結いなおすことである，と筆者は考えている。

［藤澤大介］

第5章　医療・教育・職域・矯正領域における集団認知行動療法

現在では，集団認知行動療法は，さまざまな領域で活用されている。第５章では，医療・教育・職域・矯正の分野において，どのような対象に，どのようなプログラムが実施されているかについて紹介する。

5-1　復職復帰のための集団認知行動療法

厚生労働省の「平成30年 労働安全衛生調査(実態調査)」では，過去1年間にメンタルヘルス不調により連続1か月以上の休業又は退職した労働者がいる事業所の割合は6.7%と報告されている。年々減少傾向にはあるが，うつ病などの精神疾患による休職者への支援が求められる状況に変わりはない。精神科医療機関では，スムーズな復職や再発予防を目的とするリハビリテーションプログラムにより，うつ病で休職した労働者を支援する施設が増えている。ここでは，職場復帰援助プログラム(Rework Assist Program：RAP)の一環としてNTT東日本関東病院が行っている，「職場復帰のための集団認知行動療法・アサーショントレーニング」(2003年～)，「就労継続のための集団認知行動療法・アサーショントレーニング」(2016年～)の2つのプログラムのうち前者を紹介する。

(1) グループの目的

職場での悩み・復職についての問題を取り上げながら，CBTやアサーショントレーニングについて集団で学ぶ。また，講義・個人ワーク・グループディスカッション・ロールプレイを通して，CBTやアサーションの基礎を学び，自己学習を継続できる土台を作ることを目的としている。

(2) グループの対象

参加条件として，うつ病・うつ状態により病気休暇・休職中で復職を目指していること，全セッション参加が可能な程度まで病状が回復していること，主治医に参加の許可を得ていること，当プログラムの担当医がプログラムへの適応を認めていることなどを設けている。定員は最大10名である。

(3) グループの構造

プログラムは，プレセッション(説明会)と本セッション合わせて計8セッションからなり，各セッションは120分である。本セッションは，認知面へのアプローチ：Cognition(セッション1～4)，行動面へのアプローチ：Self Control(セッション5・6)，コミュニケーション面へのアプローチ：Communication(セッション7・8)の3本柱(3つのC)で構成されている。プログラムは全セッションを通して参加者が固定されるクローズドグループである。スタッフは医師と臨床心理士(公認心理師)が，リーダー，コ・リーダー，記録係を分担し，個人ワーク中は全員で個別介入する。参加申し込みの経路は，院内外の主治医やRAPの担当者からの紹介，病院ホームページなどさまざまである。院外の医療機関に通院中の人に対しては，プログラムの担当医と心理士が事前面接を実施すると同時に，就労・休職に関する問診票，BDI-Ⅱ，M.I.N.I.(精神疾患簡易構造化面接法)にて情報収集し，総合的に参加の適否を判断する。

質問紙は，初回時にNIOSH職業性ストレス調査票，初回と最終回にBDI-Ⅱ，DAS24J，ATQ，職場ストレスに関する認知・行動のオリジナルチェックリスト，各セッション前にBDI-Ⅱを実施する。

(4) グループの内容

各セッションの内容と流れを紹介する(表5-1)。

a. プレセッション

プログラムの枠組み，概要，疾患について知ってもらうことがプレセッショ

表5-1 セッションの概要

プレセッション (説明会) セッション1	CBTの概要とセッションの流れ 気分障害について CBTとはなにか？ うつの思考パターンとは 自分の「考え方のクセ」を知ろう
セッション2	気分に注目しよう 状況・気分・思考のつながりを知ろう 自動思考をみつめよう
セッション3	バランスのよい考え方をしよう 自動思考記録表の書き方
セッション4	自動思考記録表をつけてみよう
セッション5	問題解決能力を高めよう1
セッション6	問題解決能力を高めよう2
セッション7	自分を伝え，相手の気持ちを知る1 ロールプレイ
セッション8	自分を伝え，相手の気持ちを知る2 ロールプレイ，まとめ

ンの目的である。名前，休職前の仕事内容，CBT の知識や経験などの自己紹介後，プログラムの目的，構造，内容について説明をする。次に，「プログラム参加にあたっての約束事」を説明し同意を確認する。約束事には，欠席時の連絡方法や体調不良時の対応のほか，グループの凝集性を高め，皆が安心して悩みや課題を話せるように，批判的な意見は控えることや守秘性のルールなどの参加時の態度が含まれる。さらに，本セッションの概要，「CBT」「アサーショントレーニング」「職場復帰のための集団認知行動療法」について概説する。プレセッション後半では，大うつ病性障害，双極性障害について，DSM-5 に基づく診断基準や症状，薬物療法等の心理教育を精神科医が行う。全セッションを通して使用するオリジナルテキストは，うつ病で休職中のサラリーマン A さんが CBT を学習する構成になっている。

b. セッション 1

セッション 1 では，はじめにテキストの目次を参照しながら，プログラムが認知・行動・コミュニケーション，つまり 3 つの C より構成されていることを確認する。講義では，職場での身近な例に照らして「CBT のモデル」を解説した後，テキストの「A さんの休職前の症状」を参照しながら自分の症状についても振り返ってもらう。さらに，「うつの思考パターン」を解説し，続く個人ワークでは，質問紙「考え方のクセを知るテスト」の結果をレーダーチャートで可視化することで自分の思考パターンに気づいてもらう。その後，グループでシェアして，最後に，CBT におけるホームワークの重要性について説明した上で，日常活動記録表の作成をホームワークにする。日常活動記録表の記載はプログラムを通して最後まで継続的に行ってもらう。

c. セッション 2

講義では，「気分の種類と強さ」「状況・気分・思考のつながり」「自動思考記録表(5 コラム法)」について解説する。個人ワークでは，休職中の不安や焦りなど，気分が動揺した最近の出来事について自動思考記録表を作成してもらう。グループワークでは，自動思考記録表の記載内容が他の参加者と共有しやすい人，発表を希望する人，または個人ワークが進まず皆の意見を参考にできるとよい人などから発表者を選び，“別の考え”を中心にグループで意見を出し合う。最後に自動思考記録表(5 コラム法)の作成をホームワークにする。

d. セッション 3・4

自動思考記録表(7 コラム法)について講義をした後，個人ワークでは，5 コラム法と同じように，気分が動揺した最近の出来事について自動思考記録表を作成してもらう。症状が回復せずにこのまま復職できないのではないかという不安，職場や家族に迷惑をかけているという罪悪感など，休職中の悩みや問題等に関するテーマが多く取り上げられる。グループワークでは，個人ワークの記載内容を1～2名が発表し，適応思考を中心に意見を出し合う。参加者は，うつ病による休職という背景を共有しているため，発表者を思いやる発言が聞かれるなど，集団ならではの効果が得られる。最後に自動思考記録表(7コラム法)の作成をホームワークにする。

e. セッション5・6

講義では，問題解決技法に取り組む前提となる「問題」とは何かについて解説した後，「問題解決シート」の書き方に進む。個人ワークでは，実際に問題解決シートを作成してもらう。日常活動記録表の分析から見えた，週末に生活リズムを崩しやすい，空き時間を有効に使えていないなどの各人の生活上の問題点に着目しながら解決のための行動計画を立案する。グループワークでは，通勤練習や仕事関連の活動など，全体で共有しやすい目標について取り組もうとしている人を選んで発表してもらい，解決策を中心に全員でブレインストーミングを行う。最後に，立案した行動計画を順番に発表してもらい，次セッションまでに実行及び評価することをホームワークにする。

f. セッション7

コミュニケーションスキルの不足に起因するストレス経験，例えば，自分の手に余る仕事を頼まれて断りきれずに一人で抱え込んでしまうような経験をもつ参加者は多いため，セッション7ではアサーショントレーニングを行う。講義では，「傾聴」「非言語的自己表現」「言語的自己表現」について解説し，その後ロールプレイ(ペアワーク)を行う。傾聴練習では，聴く側と話す側に分かれ，聴き手には悪い聴き方と良い聴き方を演じてもらい，同じ内容でも聴き方の違いで話し手が受ける印象が変わることを体験してもらう。自己表現の練習では，スタッフが用意した場面(復職1か月後，先輩から「喜ばせようと当日まで内緒にしていたが，今日，快気祝いをするから参加してほしい」と誘われる)について，本人役と先輩役に分かれてロールプレイを行う。本人役は，攻撃的な自己表現，非主張的な自己表現をした後，最後にアサーティブな自己表現をする。その後，全体で感想をシェアする。体験することで，参加者からは，「これまで非主張的自己表現が多かったが，今後はトレーニングを重ねてアサーティブに伝えてみたい」などの感想が聞かれる。ホームワークでは，自分がアサーティブに表現できず，攻撃的または非主張的になった1対1の対人

図 4-1　セッション 8　全セッションの振り返り

場面を題材にしたコミュニケーション分析シートを作成してもらう。

g. セッション 8

前回同様，スタッフが用意した場面(復職 1 か月後に，上司から残業を頼まれる)について，本人役と上司役に分かれてアサーティブトレーニングを行い，全体で感想をシェアする。その後，ホームワークのコミュニケーション分析シートの内容を全員が発表した後，1 事例を選び，コミュニケーション場面での自分の気持ちや考えと同時に相手の気持ちや考えを皆で推測しながら，アサーティブな自己表現について検討する。最後に，全セッションを振り返り，感想を順番に発表してもらい，修了証を授与して終了とする。

終了後，プログラム内で生じた問題点や改善が必要な点についてスタッフ内で話し合い，次回以降のプログラムに繋げる。

(5) その他

中村(2018)の混合型研究では，ストレスを抱えやすい労働スタイルに影響する極端な認知や対処行動が，介入後に緩和していた。これらの結果からも，CBGT はうつ病休職者の復職支援に有効なアプローチといえるだろう。

[中村聡美]

5-2 気分障害患者へのCBT教育入院クリニカルパス

外来でCBTを導入する際，認知行動療法家の人数の少なさや経験の乏しさは，わが国のどの医療機関でも共通する課題であろう。そのため，初学者でも外来CBTが実施しやすく，より効率的にできるような工夫が求められる。CBT教育入院クリニカルパス(以下，当パス)は，外来CBTをより効率的に進めるために開発されたものである。

(1) グループの目的と構造

当パスは主に大うつ病性障害とうつ病相の双極性障害の患者に対し，CBTの基本的な技法を2週間の教育入院で集中的に教える。これは，退院後に続く外来でのCBTを効率的に進めることを目的としている。構造は講義形式の集団心理教育で，これは多職種による支援の一つとして位置づけられる。そこで，まずは当パスで行われる支援の全体像について述べ，その後，当パスの目的を述べていく。

一般的に「クリニカルパス」とは，ある特定の病気に対して行われる治療・検査・ケアなどのスケジュールを時間軸に沿って表形式でまとめたものを指す。当パスは横軸に時間，縦軸に職種，それらの交点に各種治療・検査・ケア項目を並べた点が特徴的であり，これにより多職種連携がスムーズに進められる。具体的には，看護師による生活面のケア，作業療法士による集団作業療法，精神保健福祉士による社会資源の説明と環境調整などが時間軸に沿って並ぶ。こうした多職種による支援は，それだけで患者の精神症状を緩和させる副次的な効果が期待され，退院後はCBTにより集中しやすい状態になると考えられる。こうした一連の支援の中に，臨床心理士による集団心理教育が位置づけられる。

当パスの目的は外来CBTをより効率的なものとすることである。通常，技法の導入は，その技法の有用性や実施手続きを患者が理解しなくてはいけないため，一定の時間が必要である。当パスは基本的な5つの技法を2週間で集中的に学ぶ。もし外来で週1回のCBTを実施している場合，わずか2回のセッション期間で患者は5つの技法を学ぶことになる。そのため，速やかな治療効果をもたらし，初学者でも外来CBTを進めやすくなるメリットが得られる。

（2）グループの対象

DSM-5において大うつ病性障害または双極性障害（導入時点でうつ病相）を満たし，パーソナリティ障害や知的能力障害がみられず，50分の集団心理教育を受けられる状態像の患者を対象としている。

（3）集団心理教育の内容と構造

ここでは当パスの主たるプログラムである集団心理教育の内容と構造について述べる。

集団心理教育で学習する5つの技法は，アセスメント，行動活性化，問題解決，アサーション，認知再構成法である。それぞれの技法の詳細を述べることは本節の趣旨から外れるため，成書を参照していただきたい。また，実際に当院の集団心理教育で使用しているスライドが，桶狭間病院藤田こころケアセンターHPのトップページ（http://www.seishinkai-kokoro.jp/）の「研究成果ダウンロード」から誰でもダウンロードできるため，そちらで直接内容を確認することも可能である。

集団心理教育は1回50分である。2週間の入院期間で5回の講義を終えるためには，週3回以上実施しなければならない。当院は月・水・金の週3回実施している。集団心理教育は随時参加可能な形式で開催しており，患者はパス導入時点で直近に開催される心理教育から参加を開始し，連続5回受ける。各講義は1回完結であるため，どこからでも参加可能となっている。

当パスは，外来患者を導入する場合と入院患者を導入する場合の2つのパターンがある。前者は外来でのCBTを開始する前に，2週間だけ入院して導入する場合である。後者は退院後に外来でCBTを行う予定のある入院患者に対し，退院2週間前から導入する場合である。

（4）これまでの実績

当パスは2012年6月より開始し，これまで学会発表などで実践の経過を報告してきた（藤田・田中，2012；田中，2013；佐藤他，2014）。ここでは初年度の実績を述べる（田中他，2013）。

参加者の概要を表5-2に示す。また，導入時の精神症状評価尺度の平均値を図5-2に示す。これらから，軽度のうつ状態の中高年層が多く導入されていたことが分かる。また，当パス開始時から終了時にかけての症状評価尺度の点数をみると，改善傾向にあることが示された（図5-2）。これは，当パスに多職種

表 5-2　参加者の特徴（N=31）

男性 / 女性	14 人 / 17 人
平均年齢(SD)	42.74 歳(9.22)
導入パターン(全体に占める割合)	
パターン 1※1	9 人(29.00%)
パターン 2※2	22 人(71.00%)
診断名(全体に占める割合)	
大うつ病性障害	14 人(45.16%)
双極性障害(うつ病相)	13 人(41.94%)
その他※3	4 人(12.90%)

※1　外来での認知行動療法を開始する前に，2 週間だけ入院して導入するパターン

※2　退院後に外来で認知行動療法を行う予定のある入院患者に対し，退院 2 週間前から導入するパターン

※3「その他」の診断は抑うつ状態 3 名，双極性障害疑い 1 名

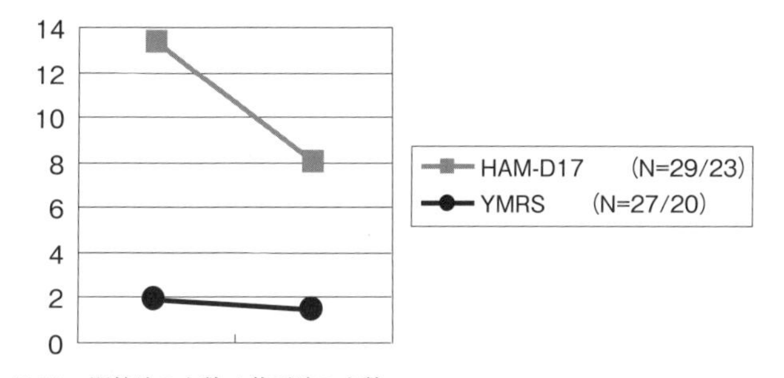

※ N = 開始時の人数 / 終了時の人数
※HAM開始時終了時-D17:Hamilton Depression Rating Scale 17-item version
※YMRS: Young Mania Rating Scale

図 5-2　精神症状評価尺度の開始時から終了時への変化

のケアが含まれているためだと考えられる。

次に，集団心理教育の主観的な学習状況を把握するために，技法の理解の度合い，技法が実践できる自信，技法が役立つ度合いについて，それぞれ 11 件法で参加者に評定を求めた。結果を表 5-3 に示す。ここから，参加者は学んだことを外来 CBT で活かせると中程度の高さでポジティブに自己評価していたといえる。

以上，これまでの実績から，当パスが軽度のうつ状態の患者に適用することは妥当であることが示唆される。

表 5-3　集団心理教育の学習状況の自己評価

集団心理教育のセッション	技法の理解の度合い※1			技法が実践できる自信※2			技法が役立つ度合い※3		
	N	M	SD	N	M	SD	N	M	SD
アセスメント	23	7.35	2.46	21	5.86	2.69	23	6.78	2.26
行動活性化	20	7.25	2.51	17	5.94	2.66	20	6.60	2.56
問題解決	20	7.20	2.04	19	5.68	2.65	20	6.45	2.26
アサーション	20	7.95	1.15	18	6.06	2.36	20	6.55	2.31
認知再構成法	17	6.06	2.49	15	5.53	2.23	16	6.94	2.24
全体の平均		7.16			5.81			6.66	

※1 技法の理解の度合いは，0：全く理解できなかった〜10：十分に理解できたで評定
※2 技法が実践できる自信は，0：全く自信がない〜10：十分に自信があるで評定
※3 技法が役立つ度合いは，0：全く役立つと思わない〜10：十分に役立つと思うで評定

（5）CBT 教育入院クリニカルパスの導入支援ツール

当パスを他院で導入しようとする際，導入を支援するツールを用意している。これらはすべて桶狭間病院藤田こころケアセンターHP のトップページの「研究成果ダウンロード」からダウンロード可能である。ツールの解説は藤田・田中(2012)を参照してほしい。

［田中伸明］

5-3　高齢者におけるうつと不安の集団認知行動療法

（1）グループの目的

高齢者にみられるうつ病や不安障害は決して少なくない。診断に至らない臨床的なうつや不安症状は高齢者に広くみられると考えられている。個人を対象としたCBT が高齢者のうつ・不安症状に有効であり(Serfaty, Haworth, Buszewicz, 2009; Stanley et al., 2009)，また高齢者を対象としたCBGT についても，不安やうつ状態の改善が報告されている(Krishna et al., 2010; Krishna et al., 2013; Wuthrich et al., 2016)。うつ病の高齢者は社会から孤立しやすくなるが，そうした場合に集団で実施することでピアサポートによる恩恵を受けやすくなるという大きなメリットがある。

（2）グループの対象

うつ病や不安障害の診断の有無にかかわらず，うつや不安といった精神症状

表 5-4　高齢者を対象とした CBT の適用可能性に関する要因

重篤な認知障害
精神病症状を伴う重度のうつ
強い興奮を伴う重度の不安
重篤な内科系疾患
感覚機能の消失

Chand & Grossberg (2013) より

を訴える高齢者が対象となる。CBGT を実施する前に，簡易スクリーニング検査(代表的なものとして老年期うつ病評価尺度 Geriatric Depression Scale; GDS や状態特性不安尺度 State-Trait Anxiety Inventory; STAI などがある)で症状の評価を行っておくことで，介入前後の効果をみることができる。

年齢，性別，症状などグループの性質をある程度等質にするのか，あるいは異質にするか，またグループの参加人数については，実施者の経験や技量に応じて決定する。基本的には等質グループかつ参加人数が少ない方がグループを進行させやすい。CBGT への参加にあたり，事前に参加候補者の認知機能，感覚機能(特に視聴覚)や識字に関する機能障害，また，対人緊張の強さや参加へのモチベーションを評価するために，CBGT のためのプレセッション(個人で実施)を設けることが役立つ。表 5-4 の要因がある場合，高齢参加者への CBT 適用を慎重に検討する必要がある。

(3) グループの構造

医療機関の外来で実施することを想定した筆者によるグループを紹介する。実施環境や参加者の都合に合わせて柔軟に設定を変更することもできる。

a.　セッション時間・回数，形式

1 回あたり 90〜120 分で行うことが多く，メンバー数も 4〜6 名程度の小グループで行う(例えば Wuthrich et al.(2016) では 1 グループ 6〜8 名，1 回 120 分で実施している)。参加者数が少ない分，参加者一人一人に目を配る時間が多くなり，個々人の進捗状況を確認できることから，実施者としては安心してセッションを進められる。セッションは全 8 回で構成され，参加者の都合や通院負担を考慮して，およそ隔週ペースで実施している(なお，海外の CBGT の多くは 8〜24 週間を週 1 回ペースで実施している)。高齢の参加者の中には環境の変化に過敏に反応しやすい人もいることから，実施場所を固定してクローズドグループで実施している。高齢者の注意を妨げないように，物品が所々に

置かれていたり，壁掛けや資料，ポスターなどが多く掲示されているような刺激の多い部屋は避ける。

b. スタッフ配置

実施者(治療者，リーダー)に加え，最低でもスタッフを1名加えている(進行役と板書役，役割は柔軟に入れ替わる)。オブザーバーを配置する場合はセッション開始時の挨拶の時点で自己紹介をしておき，自分が何者で何をする役割なのかを明示する。実施スタッフは参加者から見える位置に立ち，参加者同士で顔や様子が見えるように弧を描くように椅子を配置する(図5-3)。参加者には記録することが求められるため，テーブル付きの椅子，あるいは大きめのボードを人数分用意する。家族をセッションに招く場合，参加者の動きだけでなく家族の表情や態度にも目を配る。

c. セッションの構成

標準的なセッションは，心理教育，行動活性化，認知再構成法，そしてまとめのセッションから構成される(表5-5)。参加者のニーズや初回セッション時の目標設定を参考に，必要に応じて問題解決技法やアサーションなどを入れることもできる。実施にあたり，高齢者への配慮や工夫が求められる(表5-6)。参加者に認知機能の低下がみられる場合，セッションに家族を招き入れた方がよい。家族が同席すれば，家族もCBTについて理解し，結果的に自宅でのコーチ役として機能するかもしれない。しかし，これについては家族にそこまでの役割を期待するものではなく，家族のコミットメントの度合いによる。

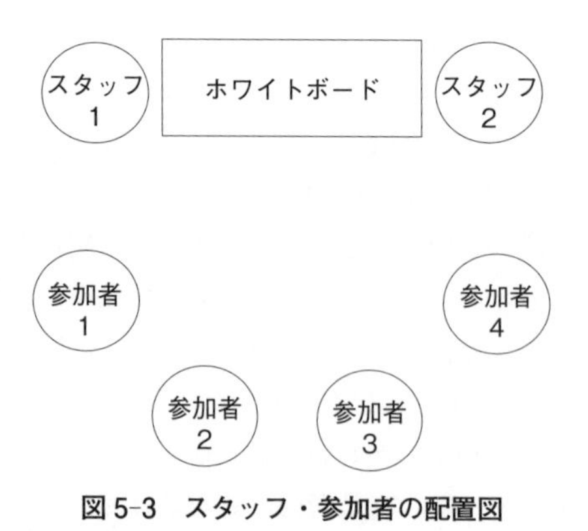

図5-3　スタッフ・参加者の配置図

表 5-5　筆者による CBGT のセッション内容

【一般的なモジュール】
導入・心理教育(セッション 1)
行動活性化(セッション 2〜4)
認知再構成法(セッション 5〜7)
まとめ(セッション 8)

【オプション】
リラクセーション(呼吸，筋弛緩，イメージ)
アサーティブトレーニング
問題解決技法
回想法

表 5-6　高齢者を対象に CBT を実施する上での工夫

進め方
・情報を伝える時はゆっくり話す
・大事な話は繰り返し，まとめを多用する
・参加者の理解度を確認しながら進める
・新しい情報は参加者の経験の文脈に落とす
・参加者に記録やメモを促す

視聴覚資料の活用
・紙資料を作成して配布する(紛失防止にバインダー利用など)
・文字は大きく表示する
・1 枚あたりの情報を詰め込みすぎない
・イラストや図表を用いて文字量を極力減らす

その他
・次回の予約日やホームワーク実施のリマインダとして電話やアラームを使う
・必要に応じて家族(あるいはその他の重要な他者)にもセッションに参加してもらう

(4) グループの内容

初回のセッションではうつや不安に関する心理教育を導入し，認知行動モデルの理解を促し，参加者の目標設定までを行う。初期における参加者のニーズ把握と目標設定は今後の CBGT の効果を左右する重要なものだが，同時に参加者が認知行動モデルをどの程度理解できるかは今後のセッション進行の鍵となる。CBT のプレセラピースキル(pre-therapy skills)の評価を初回，もしくはセッション2までに行っておきたい。プレセラピースキルとは，感情，思考，行動を認識し，区別すること，それらの関連性や出来事とのつながり，物事の意味づけが変わると感情や行動が変わりうることを理解できることなどをさす。周りの参加者は理解できるのに，自分だけ理解できないという体験は，当該参加者にとって傷つき体験にもなりうるし，参加へのモチベーションにも影響するだろう。こうした事態を避けるためにも，事前に参加者の臨床像を評価することは重要であり，初期のセッションでは認知行動モデルを丁寧に扱い，一人一人の理解度を確認しながら進めることを意識したい。

行動活性化のセッションでは，参加者の価値や目標に沿って行動を促し，行動のレパートリーを広げるため，生活の中で楽しみや達成感を感じることができる活動を特定し，活動スケジュールを設定する。また，活動の妨げになる障害の特定と対処を行う。筆者の経験上，行動活性化の考え方は比較的高齢者に理解されやすい印象を持っている。グループ全体でプレセラピースキルが十分でなかったり，また，認知機能の低下がみられる場合には，無理して認知再構成法を行わず，行動活性化を中心に参加者の活動を活性化させることに終始することも選択の一つである。認知行動モデル全体を理解することは難しくとも，「行動と感情」のつながりのように，モデルを部分的に理解することは十分可能である。

認知再構成法のセッションでは，例えば「出来事—考え—気持ち」の3コラムのシートを用いて，まずは自身の自動思考をつかまえる練習を行う。このセッションでは根拠と反証を用いたり，スキーマを取り扱うことまではしない。落ち込んだ時や不安になった時，第三者の視点からどのような考え直しが可能かを検討したり，自分に言い聞かせるセルフトークとして，各自のお気に入りの台詞(名言や格言を見つけてもらってもよい)を小さなカードに書いて常に持ち歩くようにしたり，また辛くなった時には何をしたらよいかを書き記すコーピングカードの課題に取り組む。

まとめのセッションでは，これまでの学びを振り返り，スキル習得に不十分な点がないかどうか，また，今後予期されるストレスイベントやその対処法などに取り組む。また，参加者自身が設定した目標がどの程度達成されたかについて，グループ全体で振り返る。筆者の場合，数か月単位でフォローアップグループの機会を設けており，必要に応じてさらに間隔をあけたフォローアップを設定することもある。なお，地域の高齢者を対象に実施しているCBGTでは，全セッションを終了した方が参加したい時に参加できるオープン形式のグループを定期的に設けている。

(5) その他

グループセッションでしばしばみられる，場の独占，仕切りたがり，多弁，話の脱線，沈黙など，グループの進行を妨げやすい要因には早期に対処する。これらは事前のルール化によってある程度はコントロール可能である。CBGT のプレセッション時に参加候補者に伝えることもできる。それでもルールを破る参加者には優しく穏やかに介入し，例えば多弁な参加者には「○○さんはたくさん伝えたいことがあるようですね，もしよかったらこの時間が終わったら詳しくお話を聞きたいと思いますので，今は△△さんのお話を聞いてみませんか」と伝えるようにする。集団には，引っ込み思案や沈黙しがちな人が一人は現れるものである。この場合，実施者がある程度リードして「○○さんはどうですか？」，または「○○さんは同じような体験をされたことがありますか？」と話を振るとよい。この場合，参加者が何を質問されているのか，何を答えたらいいのかがわかりやすい問いかけを心がける。

高齢者の人たちの語りは実に豊かであることが多い。つい，そのままずっと話を聞いていたい欲求にかられることもあるかもしれない。多弁，脱線，場の独占などが生じやすく，実施者を困らせることも少なくない。その一方で，高齢者の人たちは和を重んじ，とても協調的に振る舞う様子もみられる。高齢者は実に多様である。CBGT の実施者は，いわゆる高齢者特性というユニバーサルな知識を持つことに加え，目の前の個としての参加者がどんな人たちであるのかというローカルな知識を，その参加者から学ぶ姿勢が求められる。

[樫村正美]

5-4 モジュール CBGT

(1) グループの目的

長引く抑うつ状態や強すぎる不安に悩まされている患者に対する CBT のニーズは高い。抑うつ状態となり，マイナス思考に陥り，「自分ばかりが辛い目に遭っている」「誰も自分の辛さを分かってくれない」などと考えて孤立感を強め，抑うつ気分が深まり，抑うつ状態が遷延しているケースに対して，国立精神・神経医療研究センター病院(以下，NCNP 病院)では，CBGT を外来やリワークデイケアで実施してきた。CBGT に参加することで，抑うつや不安に対する対処方法を身につけていくことに加え，他の参加者と当事者としての体験を共有したり，共感を得たりすることを通して，自分の悩みや症状を客観的に捉えたり，「辛いのは自分だけではない」と実感して勇気づけられる体験を得ることができる。このような集団の作用を利用しながら，バランスの取れた考え方を身につけ，適応的に物事を捉えることができるようになることを目的として施行した。

NCNP 病院では，モジュール式の CBGT を取り入れた。CBGT を 16 回 1 クールのクローズドグループと設定した場合には，グループ開始後すぐにグループにエントリーすると，数か月間待たなければならないことになるが，モジュール形式の場合には，待機時間を短縮することができるためである。

（2）グループの対象

CBGT について説明した案内を各診察室に設置したり，掲示板に案内を掲示したりして患者をリクルートした。NCNP 病院では，主治医が CBT の適応があると判断した場合，臨床心理室に CBT の依頼を行うことになっている。その後，CBT を担当する医師や心理士を中心としたカンファレンスにて，心理検査等の結果も踏まえて，CBT の適否やどのモジュールを提供するかなどを検討した。うつ病／抑うつ状態と診断されている人，病状に不安が大きく関係していると考えられる人で，週 1 回外来通院が可能であり，個人療法よりも CBGT に適応があると考えられた人，かつ，CBGT を受けることに同意された人が，モジュール CBGT の対象となった。

一般的には，同じ疾患名，近い年齢層，同性，学歴，経済状況などがなるべく同質の参加者を集めた方がグループ運営は簡単であるといわれているが，NCNP 病院では，年齢や性別に関しては特に制限を設けなかった。ただし，未成年の参加希望者や，発達上の課題などへの配慮が必要になる場合には，グループの適応かどうかを慎重に判断する必要があると考えられる。グループの人数は，10 名以内と設定した。1 クール 6〜8 名で行うことが多かった。

（3）グループの構造

セッションは週 1 回，1 回 90 分，1 モジュール 4 セッション（うち初回はオリエンテーション）として，全 4 モジュール（全 16 セッション）を 1 クールとした。モジュールの中途で参加適応者が出現した場合には，次のモジュールまで待機してもらい，オリエンテーションから参加してもらう方式を取った。精神神経科外来の広い診察室を会場として使い，机と椅子，プロジェクター，パソコン，ホワイトボード，名札を準備した。

スタッフは心理士１名，精神保健福祉士１名，精神科医師２名で構成した。モジュール毎に担当するリーダーを決め，テキストを作成した。各セッションには，スタッフは最低２名が参加した。リーダーがセッションを進行し，コ・リーダーは，セッション中の参加者の様子を観察・記録したり，補助の必要な方に補足の説明したり，理解を深めるように関わった。各セッション終了後には，アフターセッションの時間を取り，スタッフ間で参加者の様子などを共有した。スタッフで共有した内容はカルテに記載し，各主治医が CBGT 参加時の様子を把握できるようにした。

（4）グループの内容

オリエンテーションでは，「CBGT インテークシート」に，連絡先や大まかな生活状況，精神科通院歴，CBGT に期待していることなどに関して記入してもらった。スタッフ・参加者共に自己紹介を行い，参加しようと思った経緯について話してもらった。その後，うつや不安についての心理教育を行った。そして，状況・考え・感情・行動・身体の繋がりについて説明した。また，プログラムに参加するに当たっての目標を各参加者に決めてもらい，グループでシェアした。そして，モジュール CBGT を受ける上での約束事項について説明した。モジュール CBGT に参加するかどうかの最終的な意思決定は，オリエンテーション終了時に行った。

約束事項の内容としては，①グループで聞いた他のメンバーの話はグループ外に持ち出さないこと(守秘性について)，②参加メンバーが安心して発言ができるように，また，グループの治療効果が上がるように，互いに非難したり批判したりするのではなく助け合うこと，③ CBGT は治療の一環として行うため，グループ内での様子や進捗状況などを主治医と共有すること，④グループ参加中に症状が悪化し，その参加者や他の参加者に影響が出る場合には参加の一時中断について相談することがあること，⑤キャンセルの場合には，事前に電話連絡を入れること，⑥スタッフが振り返りをするために録音や録画をする可能性があること，⑦内部・外部の専門家が見学をする場合があること，とした。遅刻や欠席が続く場合には，継続について話し合いを行った。

各モジュールの内容は表 5-7 のようになっている。また，各セッションは，表 5-8 の流れで進めた。各セッションの注意点・工夫点・スタッフの関わり方

表 5-7　各モジュールの内容

モジュール 1：気分と行動のつながりを知る （行動活性化）
● 気分と行動のつながりについて ● セルフモニタリングの有効性，必要性について ● 自分の行動パターンを分析し，パターンをつかむ ● 行動活性化の行動計画を立てる ● 行動する前に出てくる不安への対処方法 ● リラクセーション
モジュール 2：辛くなる考え方を見直す （認知再構成法）
● 感情のメッセージについて学ぶ ● 考えに対する反論の方法について学ぶ ● 自分の考え方のクセを分析する ● スタックポイントを見つける ● 考えのバランスの取り方について学ぶ ● 苦労が増える考え方について学ぶ ● 考え直しシートに取り組む
モジュール 3：効率の良い問題解決法を考える （問題解決技法）
● 変えられる問題と変えられず受け入れるしかない問題とに分類する ● 変えられる問題に取り組む ● 問題解決の 7 つのステップについて学ぶ （問題を整理する・具体的なプランを立て，取り組む） ● 問題から目標を立てる ● ブレインストーミング
モジュール 4：ON の関係を築き上手に気持ちを伝える （コミュニケーションスキル）
● ON・OFF の関係について ● 言語的コミュニケーションと非言語的コミュニケーション ● 共感について学ぶ ● ON の関係・OFF の関係の会話のロールプレイ ● 聴くスキル（傾聴） ● 伝えるスキル（アサーション）を学ぶ ● 聴くスキル・伝えるスキルのロールプレイ

表 5-8　各セッションの流れ

①導入：チェックイン・ホームワークの報告(15 分)
②その日のアジェンダに沿った学習(スライド・テキストを用いた学習)
③グループワーク(ロールプレイ，感想の共有など)
④まとめ・ホームワークの設定など

などのポイントは，下記のとおりである。

① 導入：チェックイン・ホームワークの報告

チェックインとして，オリエンテーションでは，簡単な自己紹介と，参加動機・目標について，2 回目以降は，前セッションからの様子や，その間に起こった出来事などについて話してもらった。気持ちが揺れた場面を語った参加者に対しては，その時の感情・認知・行動について，ソクラテス式質問を用いて発言を促し，気づきを深められるように関わった。グループメンバーの様子を見ながら，話を振る順番を考慮したり，話題を狭めたりするなどの工夫を行った。参加者全員が発言するように促し，傍観者とならずに参加している感覚を持てるよう配慮した。参加者が述べた新しい考えや，実行に移せた行動など良い点や本人が工夫したことに対しては，スタッフが肯定的にフィードバックをした。グループが進むにつれて，参加者同士のフィードバックが増えていくが，これらのフィードバックは，とても効果的に機能した。

② その日のアジェンダに沿った学習

各セッションでは，ワークやロールプレイなどを取り入れて，一方的な講義にならないように留意した。テキストの読み上げや発表も，順番に全員が行った。人前で話すことが苦手な参加者も，少しずつ場に慣れていき，次第に自分の気持ちや意見を言えるようになるなどの変化がみられた。参加者が疑問を投げかけた時には，他の参加者の考えや意見を聴くなど，参加者同士が活発に話せる雰囲気作りにも留意した。他の参加者からの共感や温かい言葉に支えられるようにして変化していく方もいて，これはグループで CBT を施行する強みの一つであると考えられた。

③ グループワーク

セッションを重ねていくと，参加者は座る位置が決まっていくことも多い。同じ参加者同士がワークを続けることで関係性が構築され，話しにくかった事柄を共有できたり，それについて考え直したりすることができることもある。

一方で，参加者間の関係性や理解度の違いなどを考慮し，場合によっては席替えをするなどして，ペアがいつも同じようにならないように配慮する場合もあった。なお，「②その日のアジェンダに沿った学習」と「③グループワーク」はまとめて行うのではなく，交互に行い，参加者が最後まで飽きずに集中して取り組めるよう工夫した。

④ まとめ・ホームワークの設定

セッションのまとめを行い，ホームワークを設定した後に，そのセッションやホームワークに関する質問などができる時間を5分程度残すようにした。

⑤ その他

モジュールCBGT施行中に状態が悪化し，欠席が続いてしまう参加者もいる。その場合には，本人や主治医と話し合った上で，次のモジュールからの復帰，次クールのCBGTでの参加，参加の中止等を検討した。また，アセスメントとして，初回と最終回にBDI II，毎セッションでCES-Dと新版STAYを施行した。

［飯島崇乃子］

5-5　作業療法の場での認知行動療法の活用

（1）作業療法とは何か

作業療法(Occupational Therapy)における**作業**(occupation)とは，日本語の“作業”という用語からは想像もできないほど創造的で，かつ深く多様な状態を表す専門用語である(齋藤，2014；鎌倉，2004)。「作業」は対象者一人一人の日常における「重要な生活行為」に該当し，心理的にも身体的にも相応の意味づけをもつことになる。こうした事実から，クライエントの心と身体を同時に診る“作業＋療法”の概念は，一般にとても理解されにくい(大嶋，2013，2016；齋藤，2014；鎌倉，2004)。

人は誰しも健康で長生きをしたいと考えるが，不幸にして病気を患ったり，怪我をしたり障害をもつ場合がある。また，それらが完治せずに，何らかの障害が残ったままその後の生活を送らなければならない場合もある。作業療法ではたとえ心や身体に障害があっても「できることを増やす」という立場から，クライエントの機能回復が困難であっても，大事な作業(生活行為)に重点を置いて，おもに活動を主体的に行うことで経験的なスキルを伸ばすことを目指す(大嶋，2013，2016；齋藤，2014；鎌倉，2004)。

作業療法の目的とは，そのような対象者に対して心身機能や活動能力を改善させ，社会的な活動に戻ることができるように，必要な能力を自分自身で身につけさせることにある。つまり作業療法とは，クライエントの心身の改善と作業の獲得を目指して社会とのつながりを再構築する，生活と心理の専門職なのである(大嶋，2016；鎌倉，2004)。

(2) 作業療法の対象とCBT

作業療法の対象疾患と活躍する分野は社会に幅広く存在する。以下は，とくにCBTとの併用が効果的な領域と疾患名である(大嶋，2015，2016；齋藤，2014；日本認知作業療法研究会，2019)。

1) 身体領域
  ① 脳卒中，② 脊髄損傷，③ 整形外科疾患，④ 内部障害，⑤ がん(緩和ケア)
2) 高次脳機能障害領域
3) 心療内科・精神科領域
  ① 統合失調症・双極性障害，② 神経症圏，③ 年代別(思春期・壮年期・高齢期)
4) 社会認知機能障害領域
  ① SST(social skills training)，② SCIT(対人関係トレーニング)
5) 高齢者・認知症領域
6) 就労支援・学校・行政領域

こうした疾患・障害に対し，作業療法ではCBTの概念と技法を併用して個々のクライエントに対応している。そうした一連の介入方法について，最近では「認知作業療法」(大嶋，2016；日本認知作業療法研究会，2019)と総称している。

(3) CBTを応用した脳損傷患者に対する集団作業療法の例

a. 作業療法のなかのCBT(大嶋，2013，2015，2016；菊池他，2014；日本認知作業療法研究会，2019)

作業療法を効率的に進めるためには，対象者自身に自己の持つ問題やそれに対する解決方法を考えてもらうことが重要である。近年，そのための手段として，日々の臨床の場にCBTの考え方や技法を取り入れる作業療法士が増えている。

脳に損傷を受けた人の中には，記憶障害，注意障害，遂行機能障害，病識欠如，社会的行動障害などのいわゆる高次脳機能障害が原因で社会生活を送ることが困難になっている人がいる。高次脳機能障害は，身体障害と違い，外見からは分かりにくいため，周囲から理解されにくいばかりか，対象者自身も自分に何が起こっているのかを理解しづらい状況にある。国立障害者リハビリテーションセンター病院では，そのような人たちを対象に，「障害の自己認識改善」「対人関係技能向上」を目的とした集団訓練を実施している。

b. 高次脳機能障害に対する集団訓練の目的

具体的な作業活動を通して，対象者自身の持つ問題に気づいてもらい，他の参加者とのやり取りの中でその解決方法を考え実践してもらうこと。

c. グループの対象

復職・復学を目標とする入院および外来通院の高次脳機能障害者で個別作業療法も受けている人を対象にしている。グループへの参加は原則として主治医からの依頼を必要とする。

d. グループの構造

グループのメンバーは流動的で，入院当初から参加し，復職・復学の見通しがつくまで継続するため，開始時期と終了時期はそれぞれの対象で異なる。1

図 5-4　近況報告の例

40代の男性です。ささいなことで怒ってしまいます。腹が立つと大きな声を出すことはしょっちゅうで，電話中だと投げつけるように切ることもあります。

怒鳴らなくてもいい場面だと分かっていても，抑えが効きません。怒鳴っているうちにどんどん頭に血が上ってしまいます。以前はこんなふうではなかったのですが，だんだん怒りっぽくなりました。

怒りにまかせて大声を出した後に，場の空気が凍りつくのを感じています。そして，ひどい自己嫌悪を感じることもあります。

どうしたら感情をコントロールできるでしょうか？

図 5-5　メモ取り課題の例：「悩み相談」

回 4～6 名としている。実施時間は毎週火曜日 9：45～11：15 の 90 分間。スタッフは作業療法士 4 名と言語聴覚士 2 名で構成している。

e.　集団訓練の内容

プログラムは以下の通りである。集団訓練ではあるが，内容的には CBT のセッションに近い構造になっている。

① **近況報告**(15 分)

この 1 週間で高次脳機能障害にまつわる出来事があったかを振り返ってもらい，問題が生じている場合は，対処法を他の参加者と一緒に考えてもらう(図 5-4)。

② **メモ取り課題**(30 分)

スタッフが読み上げた内容をメモして情報共有したのちに意見交換をする。テーマは脳の働きや物忘れ，感情コントロールなど高次脳機能障害者にとって身近なものを選ぶ。CBT の基本モデルに合わせて症状の理解を促したり，内容についてディスカッションして過去に同じような体験はなかったか，自分が同じような場面に遭遇したらどう対処すればよいかなどを考えてもらう(図 5-5)。

6×6マトリックスシート：海
：軍艦
相手のシートは見えない。
順にナンバーをコールすることで相手に爆弾を落とす。
最後まで残った人の勝ち
＜留意点＞
・相手からの情報を正確に受け取ること（必要に応じてメモをする）。
・相手に正確に伝えること。
・当てずっぽうではなく相手の位置を推測すること。

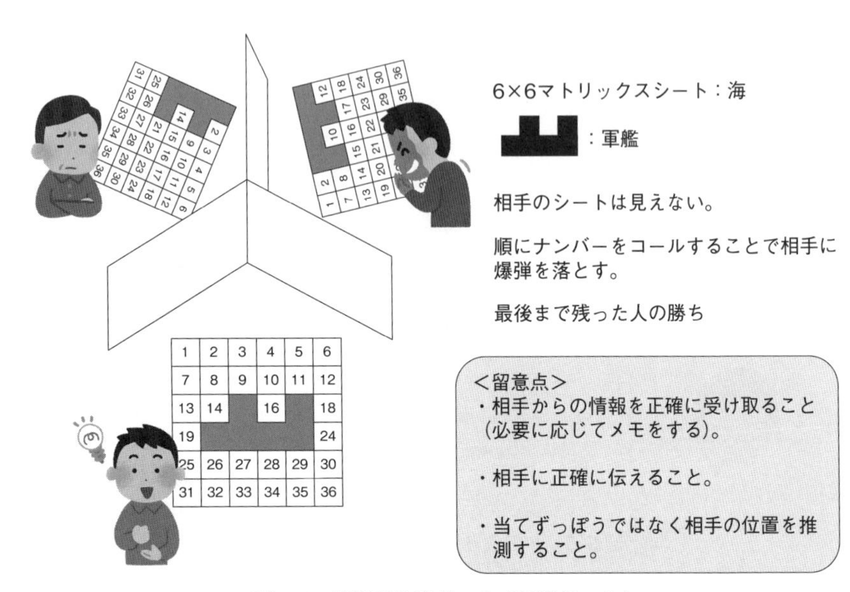

図 5-6　問題解決型ゲーム「軍艦ゲーム」

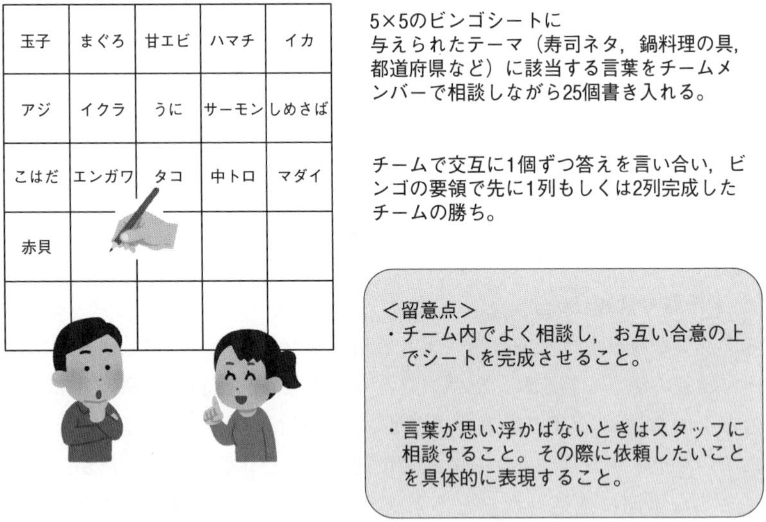

玉子
まぐろ
甘エビ
ハマチ
イカ
アジ
イクラ
うに
サーモン
しめさば
こはだ
エンガワ
タコ
中トロ
マダイ
赤貝
5×5のビンゴシートに与えられたテーマ（寿司ネタ，鍋料理の具，都道府県など）に該当する言葉をチームメンバーで相談しながら25個書き入れる。
チームで交互に1個ずつ答えを言い合い，ビンゴの要領で先に1列もしくは2列完成したチームの勝ち。
＜留意点＞
・チーム内でよく相談し，お互い合意の上でシートを完成させること。
・言葉が思い浮かばないときはスタッフに相談すること。その際に依頼したいことを具体的に表現すること。

図 5-7　問題解決型ゲーム「単語ビンゴ」

③ **問題解決型ゲーム**(40 分)

遂行機能や他者との情報交換が必要とされるゲームで勝敗を競う。勝敗の要因，上手くいったことや失敗したことなどについて意見交換することで障害への気づきを促したり，自分に合った対処方法を考えてもらう。ゲームの開始前にどれくらいうまくできそうかをパーセンテージで自己申告してもらい，終了後には実際にどれくらいできたかをやはりパーセンテージで申告してもらい，自分の気づかなかった問題を認識してもらう。

ゲームは 10 種類程度のレパートリーがあり，参加者のどの部分に働きかけるかで選択する。図 5-6 と図 5-7 にゲームの例を示す。

④ **本日のまとめ・フィードバック**(5 分)

今回の集団訓練(セッション)で体験することにより気づいたこと，次週までに生活の中で注意すべき点などを各自に発表してもらう。

f. グループ訓練の効果尺度

復職や復学を目標としている，比較的，症状が軽度の高次脳機能障害者を対象としているため，机上で行う神経心理学的検査のスコアでは，初めから高い成績の対象者が多く，天井効果により大きな変化は見られない。そこで筆者らは，グループ訓練の効果判定の一つの方法として，『遂行機能障害症候群の行動評価(BADS)』の質問表からみた行動障害に関する本人の評価とスタッフによる評価の乖離がグループ訓練初参加時と終了時でどう変わったかを測定している。その結果によれば，おもに高次脳機能障害者に多く見られている脱抑制などを原因とする集団の中での振る舞いの問題や課題について，本人の認識が深まる傾向にあるようだ。

g. 作業療法の場で CBT を活用するにあたって(大嶋，2015，2016；菊池他，2014；日本認知作業療法研究会，2019)

医療の場に限定するならば，作業療法が対象とする大半の患者は，今まで経験したことのないような障害を負って入院し，混乱と不安を抱えた患者たちである。作業療法では，そのような人たちの認知(「何もできないカラダになってしまった」「もう自分の人生はおしまいだ」)を適切に評価し，その認知が歪んだものである場合には，その事実に気づかせるような配慮が必要になる。その際に用いられるのは，作業療法における種々の作業活動である。そうした活動を通して，作業療法士は患者の歪んだ認知についてさりげなく共有できる機会を作れる利点を持っている。自己評価の低い患者には活動を通じて自己評価を上げてもらい，もし問題点や課題があればそれを一緒に確認して共有し，さらにそのまま問題解決へ向けた糸口をつかめる場合もある。

一方，同じような疾患の人々が集まる医療施設では，さらにグループの活動にCBTを併用することにより，他の人たちの疾病体験を取り入れたり，悩みを共感してもらうことで孤立感を和らげるピア・カウンセリングの効果も期待できるため，集団訓練から積極的な活動を引き出すことにつながる場合も多い。

作業療法士は具体的な作業活動を武器に，積極的に患者の心理面へのアプローチを行うとともに，CBTを取り入れた集団療法を展開することで，より患者の行動変容に繋がるような相互作用を期待することができる。

［山本正浩・大嶋伸雄］

5-6　小中学校での抑うつ症状の予防プログラム

(1) グループの目的

近年，子どもたちのメンタルヘルスの問題について注目が集まっている。学校はすべての児童生徒に関わることができるという側面から，メンタルヘルスの予防において大きな役割を果たすことが期待される。その一方で，日常業務の多忙さや普及の遅れを考慮すると，現場の教師は予防アプローチの重要性に気がついてはいるものの，「したくてもできない」のが本音ではないだろうか。CBTの有効性は，成人だけでなく子どもを対象にした場合でも，さまざまな問題に効果的であることが示されている(Society of Clinical Child and Adolescent Psychology, 2014)。加えて，CBTを活用した学校での予防的取り組みとしての活用も推奨されている(e.g., National Institute for Health and Care Excellence, 2008)。以上のことから，ここでは小中学生を対象とした学校で活用できる抑うつ症状の予防を目指したプログラムについて紹介したい。

(2) グループの対象

学校での予防プログラムの実施の際には，プログラムに参加する児童生徒を選抜するか否かが重要な選択となる。ユニバーサル予防とは，該当する対象者すべてに予防プログラムを提供しようとする試みのことである(Mrazek & Haggerty, 1994)。一方で，何らかのリスクや症状をすでに示している対象者を選抜するタイプの予防のことを総称してターゲットタイプの予防と呼ぶ(詳細は，石川他，2006)。

教育現場においては，適応指導教室や保健室などでターゲットタイプの予防プログラムを実施することも有益であると考えられるが，ユニバーサルタイプのプログラムにはいくつかの利点がある(佐藤他，2013)。第1に，対象となる子どもを抽出することなく実施できるので，ラベリングやスティグマの問題に悩まされることが少ない。第2に，その時点ではリスク要因や症状が見られないが，後にその危険性が高まる子どもに対してもアプローチができる。第3に，その子ども自身は，将来に渡って抑うつの兆候を経験することがなかったとしても，メンタルヘルスに関する正確な知識を得たり，周囲の困っている人たちを手助けしたりするスキルを身につけることができる。社会全体の精神疾患へのスティグマの問題を考慮すると，すべての人を対象としたユニバーサル予防の取り組みは重要な意味を有するといえるだろう。

(3) グループの構造

ここでは小学3年生から中学3年生までを対象とした抑うつ予防を目的としたプログラムの概要を紹介する(表5-9)。全プログラムに共通する構造としては，以下の点がある。

セッション参加者は当該の学級に在籍する児童生徒全員である。次に，プログラムのリーダーは担任教師がつとめ，プログラムの概要を示した指導案は学級担任とプログラム開発者で議論して作成する。また，各セッションは学校の授業時間に合わせて，小学校では1回45分，中学校では50分で終了するように計画されている。最後に，プログラム実施においては，補助者が数名支援することがある。研究として実施する場合は，補助者として大学生や大学院生を配置することがあるが，それ以外では空き時間となっている教師や，特別支援等の加配教師などがつとめることもある。各プログラムでは，小グループ(多くの場合，班活動単位)での活動を行うが，補助者はその際の活動を支援する。いずれの場合も，学校の実態に合わせて，グループの構造を構築することが望ましい。

a. スマイル(にっこり)プロジェクト

本プログラムは，小学校の中学年以前を対象としている。特徴としては，プログラムに含まれる構成要素を絞って，学級ベースの社会的スキル訓練(SST)の5回で実施される点が挙げられる。そのため，座学よりも行動リハーサルな

表 5-9　小中学校での抑うつ防止プログラムの概要と成果（石川，2013a b をもとに作成）

名称	対象学年	回数	構成要素	各回の概要	効果研究	成果
スマイルプロジェクト	小学生（中学年）	5	社会的スキル訓練① 社会的スキル訓練② 社会的スキル訓練③ 社会的スキル訓練④	「上手な聴き方」を学ぶ。 「あたたかい言葉かけ」を学ぶ。 「上手な頼み方」を学ぶ。 「上手な断り方」を学ぶ。	石川ら(2010)	介入群と WL(Waiting List Control)群は，それぞれ介入後に社会的スキルの有意な上昇がみられ，進級後もその効果が維持されていた。また，両群とも1年後まで抑うつ症状が有意に低減していることが示された。
			社会的スキル訓練⑤	これまで学んだ「スキル」を使って，スタンプラリーに挑戦する。	Sato et al. (2013)	介入群と WL 群の両群について，3年後まで抑うつ症状の低減が維持されており，同学年の子どもと比較して得点は有意に低いことが示された。
フェニックスタイム	小学生（高学年）	9	オリエンテーションと心理教育 社会的スキル訓練① 社会的スキル訓練② 社会的スキル訓練③ 認知再構成法①	プログラム実施目的の説明。「きもち」とは何かを知る。きもちのラベリングを身につける。 「あたたかい言葉かけ」を学ぶ。 「上手な頼み方」を学ぶ。 「上手な断り方」を学ぶ。 きもちには大きさがあることを学ぶ。「できごと・考え・きもち」の関係を知る。	佐藤ら(2009)	介入群は統制群に比べて抑うつ症状が大きく低減していた。介入群では抑うつ尺度のカットポイントを超える子どもの割合が低くなっていた。さらに，介入群では，介入目標とされた社会的スキルと認知の誤りも介入前後で改善し，全般的な主観的学校不適応感も軽減され，抑うつに関する一般的な理解度が高まるといった効果が認められた。
	中学生	(6)	認知再構成法② 認知再構成法③ 応用学習① 応用学習②＋学習のまとめ	いやなきもちになる考えをつかまえる。 いやなきもちになる考えをやっつける。 これまで学んだ「スキル」と「認知」を使って，問題解決の具体的な方法を考える。 プログラムのまとめと修了式。	高橋ら(2018)	応用学習を削除し，認知再構成法を2回に短縮したバージョンを使用した。介入を実施した中学1年生51名を，同地域に通う標準群の中学生1,817名と比較した結果，進級後の2年生時点での抑うつ防止効果が認められた。加えて，社会的スキルの中のやさしい言葉かけとあたたかい断り方，ポジティブ自動思考については，介入前と比べて介入後とフォローアップで改善がみられていた。
心の健康チャレンジプログラム	中学生	8	心理教育・行動活性化 ソーシャルサポートへの気づき 社会的スキル訓練① 社会的スキル訓練②	自分の心の健康状態を知る。普段の活動と感情の関連について調べてみる。 自分を助けてくれたり支えたりしてくれる人の存在に気がつくようにする。 「上手な断り方」を学ぶ。 「上手な頼み方」を学ぶ。	石川ら(2009)	マッチングサンプルとの比較において，介入群で有意な抑うつ症状の低減がみられ，実施後は介入群の方が統制群よりも有意に抑うつ症状が低いことが示された。
			社会的問題解決①・リラクセーション 社会的問題解決② 認知再構成法① 認知再構成法②	気持ちのコントロールの方法を学ぶ。 さまざまな解決策を案出する練習をする。 考えと感情の関連について学ぶ。 バランスの取れた考え方を学ぶ。思考記録表をつける練習をする。	尾形ら(2010)	介入群の中学校1年生について，長期効果(3年間)について検討したところ，抑うつ症状については1年後(2年時)の継続効果，認知の誤りについては直後効果，社会的スキルについては2年後(3年時)までの継続効果が示された。

高校生や大学生を対象としたものは除き，小中学生を対象としたもののみを対象とした。対象学年は当初開発されたもの，回数，構成要素，概要については目安として主たるもののみ記載した。

ど，子ども自身が動く活動が中心となっている。ターゲットスキルに関する言語的教示においては，ワークシートなどの紙面よりは，板書やカードなどを利用することが多い。

b. フェニックスタイム

本プログラムは，小学校の高学年を対象として開発され，およそ8〜9回で実施される(中学生を対象とした6回の短縮版もある)。本プログラムは子どもたちが探偵事務所の所員となって，事件を解決していくというストーリー仕立てになっているところに特徴がある(佐藤他，2013参照)。このような構造によって，すべての子どもが興味を持って取り組めるように配慮されている(図5-8)。構成要素としては，心理教育とSSTに加え認知再構成法が組み込まれている。ワークシートを用いて実施していく授業構成と行動リハーサルの両側面からグループが構造化されている。

c. 心の健康チャレンジプログラム

このプログラムは中学生向けに開発されたもので，中学校の実態に応じて8回前後をめどに構成要素の精選がなされる。主に扱われる内容としては，心理教育，ソーシャルサポートへの気づき，SST，認知再構成法，リラクセーション，問題解決技法，行動活性化などが挙げられる。最初に抑うつ症状を測定する尺度に回答してもらい，その結果を自分で分析する試みが加えられることもあり(図5-9参照)，子ども自身がさまざまなスキルを身につける点に焦点が当てられている。

(4) グループの内容

グループ全体のプログラム構成については，表5-9に示すとおりである。ここでは，それぞれのプログラムに含まれる代表的な2つの内容について解説を加えることとしたい。(3)の「グループの構造」の中で触れているどの構成要素を組み込むかだけでなく，同じ構成要素でも学年に合わせた修正を加えることが必要不可欠である。

a. 社会的スキル訓練(SST)

SSTは3つのプログラムに共通して適用されており，本プログラムの中心的構成要素である。学級におけるSSTの多くは，コーチング法に基づき，①言語的教示，②モデリング，③行動リハーサル，④フィードバック，⑤般化と定着化という5つの段階から構成されている(佐藤・佐藤，2006参照)。例えば，スマイルプロジェクトの「上手な聴き方」では，はじめに，児童に対して

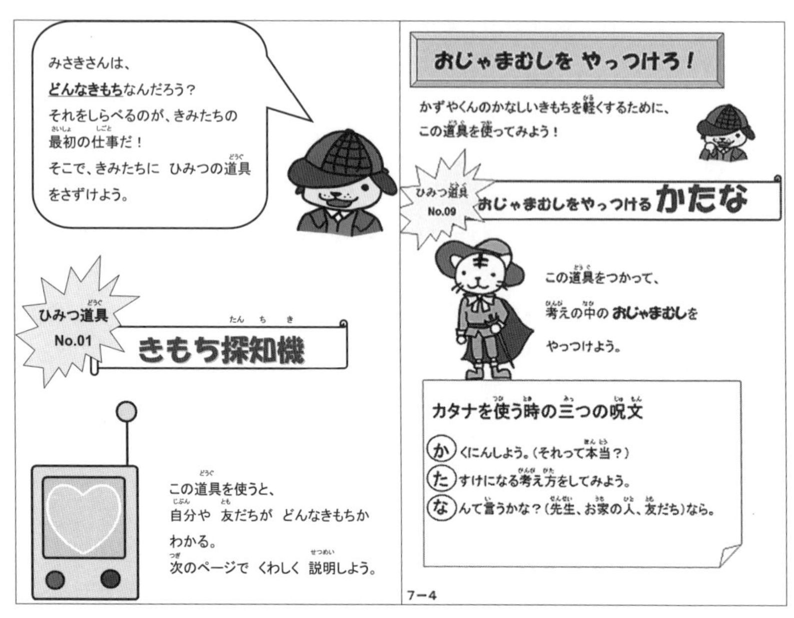

図 5-8　フェニックスタイムのワークシート例（佐藤他，2013）

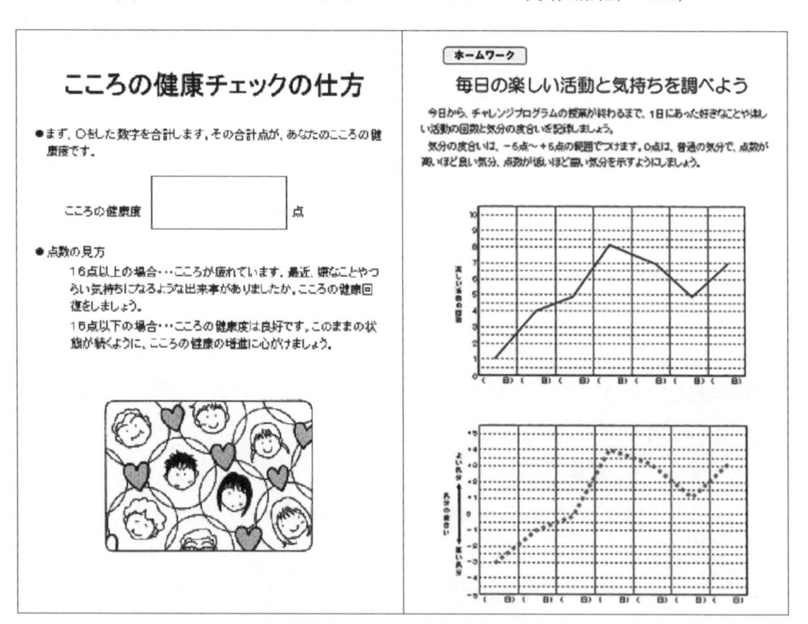

図 5-9　心の健康チャレンジプログラムのワークシート
（石川他，2009；尾形他，2010）

社会的スキルを学習することの意義について説明する。次に，子どもに意見を求めながら，①やっていることをやめる，②相手に体を向ける，③相手の目を見る，④あたたかい相づちを打つ，の4つを「上手な聴き方」のポイントとして明示し，補助者の2人がポイントを踏まえた適切なモデルを示す。その後，小グループ(4，5人)が構成され，行動リハーサルとして，子どもが交代で場面設定(例えば，好きなもの伝える)に沿って，話し役，聴き役，評価役を務める。評価役の子どもは，上手な聴き方のポイントを参考にしながら，聴き役のどこが良かったかを指摘する。話し役と聴き役の気分を確認することで，上手な話し方によって両者の気分が良くなることを確認した上で，今回学んだスキルは，さまざまな場面で応用できることを説明し，日常生活でも実践するように促す。

b. 認知再構成法

認知再構成法は，小学校の高学年から導入される技法である。この技法は，総じてBeckの認知モデルに基づいて実施されている(Beck, 1976)。ここではフェニックスタイムの中で扱われている方法について紹介する。図5-8に示された「きもち探知機」は，子どもに気分の種類と大きさを評定してもらう際に用いる道具である。このような「ひみつ道具」を用いることで子どもたちの理解を助けるとともに，動機づけを高められるような工夫されている。子どもに認知と気分の違いを教える際には，マンガの「吹き出し」を用いる。認知再構成法を実施する際には，認知と気分の区別を行うが，この作業はたとえ大人であっても容易ではない。子どもの場合は，言葉のやり取りでこの2つの概念について説明するよりは，登場人物から出ている「吹き出し」という視覚的手がかりを用いると良い。最後に，不適応的な認知について挑んでいく際には，「かたな」の呪文を用いるように教える(図5-8)。これは，「㋕ 確認しよう(それって本当？)」「㋟ 助けになる考え方をしてみよう」「㋤ 何て言うかな(先生，お家の人，友だち)なら」の頭文字を表しており，それぞれ，考えが思い込みでないか確認し，自分を励ます言葉や考え方をみつけながら，他者からの視点を取り入れることにより，新たな考え方をみつけるといった手続きを指している。このように子どもが覚えやすい言葉を用いることで，子どもにも理解可能で，馴染みやすい方法を用いることが大切である。 [石川信一]

5-7　中学校・高校を中心としたこころのスキルアップ教育プログラム ——

(1) グループの目的

10代を対象としたうつ病予防，メンタルヘルス維持を目的として，CBTの原理を応用した教育的な働きかけの試みは散見される(石川ら，2010；髙橋ら，2018; Gillham et al., 2012)。「こころのスキルアップ教育プログラム(以下，スキルアップ教育)」(大野・中野，2015)はその一つであり，ストレスに対するセルフマネージメント力の増強を目的とし，教員が学級に授業として提供することを基本として開発された。

予防医学は通常，一次，二次，三次の三段階に分けられる。一次は疾病の発生を未然に防ぐこと，二次は疾患を早期発見，対処すること，三次は回復後の社会復帰を目的としている。スキルアップ教育は，学級担任が受け持ち学級全員に対し教育として実施することを想定して作られているという点から，主に予防医学における一次予防を目指しているといえる。

ところで，CBTは，近年，レジリエンス向上への効果が期待されている(Dudley et al., 2011; Padesky et al., 2012)。レジリエンスとは，ストレスに遭い窮地に立たされたとしても，そこから立ちなおる特性と定義でき(小塩，2002)，予防医学的な観点からは一次予防と深く関連しているといえる。レジリエンスは，先天的な素因に後天的な刺激が加わり伸びていくものだと捉えられ(Wagnild et al., 2003)，Masten(2007)は，レジリエンスの要素としてIQや生得的な気質に加え，自己評価，社会性，自己制御能力，人生への期待感，養育の質，有能な大人との親しい関係などを報告している。スキルアップ教育は，上記の目的や下記に示す内容からみても，レジリエンス向上に貢献することが大いに期待できる(中野ら，2016)。

さらに，ストレスへの対処力の増強は学校適応にも関連する(中野ら，2020)。したがって，学校適応が大きな目標となる新一年生に対して実施する

今のあなたの気分はどれに近いですか？

図5-10　気分3兄弟(大野・中野，2015)

ことも意義があるといえる。

(2) グループの対象

中学生，高校生を対象の中心としている。小学生でも実施可能であるが，小学校中学年までは自分の気分に気づく(図 5-10 の使用など)ことを重点的に行うなど，発達段階に合わせた工夫をすることが肝要である。

また，学級担任が受け持って学級に実施することを基本に考えて開発したが，学級の単位を超えて学年を体育館に集めて実施したり，国語科や保健体育の教員，養護教員が担当するなど，各学校の方針や実施可能性に合わせて臨機応変に工夫していただいてもよいであろう。さらに，本授業は，教科以外の生徒の発達を促す教材の中で，比較的短時間の準備で簡便に実施できるものであるともいえる。実際，ベテラン教師と新卒の教師がそれぞれ受け持ち学級に実施し，学級への影響をみた調査(中野，2020)では，学級間の差は出なかった。

指導案①　できごと・考え・気分をつかまえる(認知再構成法の基本を学ぶ)事例を使って練習

本時の学習

・気分はその時の考えの影響を受けていることを学ぶ

流れ	学習内容 ○生徒の活動・教師の発問、◎学ばせたいポイント	◆教材・教具 ◇留意点
導入 (5分)	○気持ちや感情がどこから生まれてくるかを学ぶ。 (自身の今の気分を確認しながら、本時の学習について聞く) **気分を表す言葉の例** **憂うつ、不安、怒り、恥ずかしい、悲しい、困った、興奮、いらだち、心配、パニック、不満、あせり、うんざり、怖い、腹が立つ、ハラハラ、イライラ、ムカつく …等**	◇机は班活動用に配置する。 ◆掲示物：フリップ①「班の役割表」 ◇班活動のための班の役割は、授業前に決めておく(注1) ◆掲示物：本時の学習① **気分はその時の考えの影響を受けていることを学ぶ**(注2) ◆ペープサート① 笑顔☺、普通顔😐、渋顔☹ ◇身近な例を挙げ、「気分」の説明をする(注3) ◆掲示物：フリップ②「気分を表す言葉の例」

図 5-11　授業指導案

(3) グループの構造

スキルアップ教育の授業は，1回45分×10回で構成されている。各授業はそれぞれ1つずつの授業指導案として示されており(図5-11)，各授業は，基本的には1つの学級を対象に，生徒が5〜6名のグループを構成し，その授業を担当する教員の指示の下で話し合いをしながら進めていく。

(4) グループの内容

CBTという心理的支援法は，日常生活の中での自身の考え方と行動パターンを見直し，考えすぎて現実が見えなくなっている点があれば検討し，具体的

図5-12　授業の様子

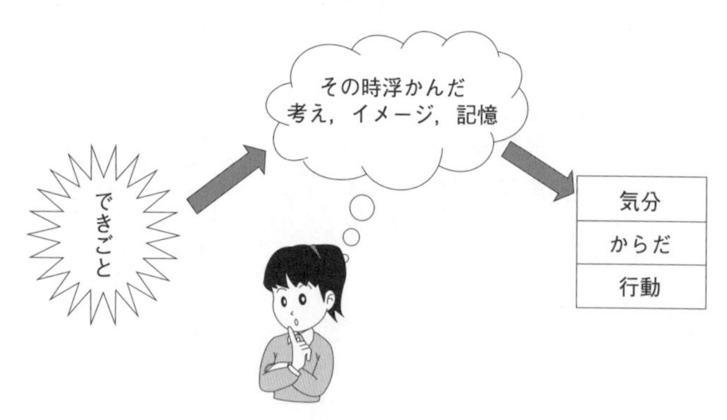

図5-13　こころの動き図

な問題があるなら，それに圧倒されるのではなく，その問題を小さくする解決の糸口を模索していく，という流れで進められる。スキルアップ教育は，自身の考えや行動に向き合って検討する力，問題解決力，感情コントロール力を生徒が教員から学ぶことができるように，①こころを整理するスキル(4回)，②問題解決のスキル(2回)，③怒りに向き合うスキル(2回)，④コミュニケーションスキル(2回)の4つの単元で構成されている。CBTの基本原理を学ぶ①の1回目は最初に実施することが必要であるが，他の部分は教員が学級のニーズに合わせて実施すればよい(大野・中野，2015)。図5-12は①の1回目の授業風景である。以下に，各単元について簡単に(単元①の第1回目のみ少々詳しく)紹介する。

① こころを整理するスキル

CBTでは，人間が毎日生活していく瞬間瞬間をとらえると，図5-13のようなスナップショットの連続として説明できる，と捉える。このような捉え方でその人の主観的な体験を書き出してみる(外在化)ことで，自身に何が生じているのかを外から見つめ，整理し，必要であれば検討する手がかりにするのである。この捉え方は，さまざまな精神症状の緩和から精神症状の予防(一次～三次)，メンタルヘルスの増進まで，CBTのさまざまな用途のベースになっている。

そして，スキルアップ教育の①こころを整理するスキルの単元では，生徒各自の主観的な体験を，必要に応じてこのようなスナップショットとして書き出せるようになることを目指している。ストレスマネジメントを主眼に置いているので，嫌な気分が高まった時に自分に何が起きているかを捕まえることが主な目的となるが，このスナップショットは良い気分の時でももちろん完成させることができる。次に，必ず行ってほしい1回目の授業について少々詳しく紹介する。

第1回目の授業では，学習課題を“気分は考えに影響されることを学ぶ”とし，「春子さんのある日曜日のつらい体験(友人に数回電話をしたが相手が出ない)」を使用して，学級全体，各グループで相談しながらこのスナップショットを完成させてみる。ここでは，まず，1)つらい感情と，それと共にある考えやイメージが存在していることを知ること，2)経験した事実(出来事)と自身の内面で生じていること(感情の動き，思っていること(考え・イメージ)，体の反応，行動)は分けて表記できること，が重要な学習すべき点となる。次に，インストラクターの教員は，春子さんはこの出来事に対し“このように”考えたが，自分だったらどう考えるか，あるいはその出来事に対する他の捉え方はあるかについて，グループ内で話し合うように促し，その結果をグループごとに発表する時間を設ける。各グループから出されるさまざまな考えを教室前方の黒板などに書き出して生徒と共に俯瞰しながら，それぞれの考えとそれに結びつくであろう感情について考察を深めていくのである。このように，自然な授業の流れの中で，教員は，“気分は考えに影響されること”を生徒が体験できたことを確認しつつ，最後に「さまざまな考え，捉え方が出ましたね。そして気分と考えは関連していること，捉え方ひとつでよりつらくなったり少し楽に感じたりすることがわかりましたね」と締めくくる。

なお，①こころを整理するスキルの単元全体を通じて根底を流れる重要な学習ポイントとして，“自身の感情に気づけるようになること”が挙げられるだろう。また，インストラクトする教員は，生徒が発表するさまざまな考え方に対し，(例えば社会規範などに当てはめるなどして)良い悪いの評価を与えること自体が目的ではないことを自覚しながら進めることも重要であろう。この点は，実は実施する教員から「難しい」「慣れない」と時々指摘される点である。さらに具体的にいえば，いわゆるポジティブ思考といわれる考えや教員が好む模範的な考え方を生徒に促すことが本授業の目的ではない，ということである。もちろん，一般社会の常識からみて目に余る考え方を生徒が提示した場合は，別途，指導が必要の場合もあるだろう。

② 問題解決のスキル

環境の中に存在している個々の問題を解消していく手順を皆で考えながら学ぶ。

③ 怒りに向き合うスキル

怒りという感情の持つ性質，すなわち怒りの感情に任せて行動すると攻撃的あるいは破壊的な行為につながるという点について学んだ後に，怒りを感じることは悪いことではなく，むしろ自然なこころの営みであるが，だからといって怒りに任せて攻撃的になるのではなく，むしろ怒り感情を鎮め，怒りの源になった問題を解決していく方向へ向かうにはどのような工夫や手順があり得るか，皆で考えながら学ぶ。

④ コミュニケーションスキル

言いにくいこと，伝えにくいことを，相手を尊重しながら，しかし伝えたい意図を外さず相手に伝える工夫と手順について，皆で考えながら学ぶ。

（5）まとめ

以上，スキルアップ教育について紹介した。各授業の指導案や手引きなど詳細については，「こころのスキルアップ教育の理論と実践」（大野・中野，2015）を参照されたい。

［中野有美］

5-8　認知行動療法を活用したジュニアアスリート向けメンタルサポート

（1）グループの目的

平成25年(2013年)度から実施された高等学校学習指導要領に初めて部活動と教育課程との関連が明記された。スポーツが人間形成に大きな影響を及ぼすもので，豊かな人間性を育む基礎となるものであることが改めて確認され，期待されているといえる。実際に高等学校(全日制及び定時制・通信制)で約42%の生徒が運動部活動に参加しており，多くの生徒の心身にわたる成長と豊かな学校生活の実現に大きな役割を果たし，さまざまな成果をもたらしている。2019年ラグビーワールドカップでの日本代表の活躍や2020年のオリンピック・パラリンピックの開催(新型コロナウイルスの影響により2021年に開催予定)を受けて，18歳以下を対象としたジュニア期からの戦略的支援の強化が組み込まれ，トップアスリート発掘・育成事業が加速している。このようにより高い水準の技能や記録に挑むことを重視する，いわゆるジュニアアスリートと呼ばれる生徒においては，競技に専心的に取り組む生徒特有の心理的負荷である「勝利至上主義」「技術至上主義」「周囲からの過度の期待」「競技成績の不振」「競技生活での指導者などとの人間関係」「ボディーイメージの歪み」「根性論」に直面する場合がある。また，一般的にプロ選手が引退に伴って直面する喪失感などを指す「キャリアトランジション」に類似した状況を進路選択の際に経験する。これらの心理的負荷の結果，燃え尽き症候群，うつ病，身体表現性障害，摂食障害，睡眠障害，競技不安などの精神疾患を発症することも珍しくない。ジュニアアスリートは，一般青年より神経症傾向が高いことが示されるとともに，精神的不調を認めた場合でも，援助希求行動を取りにくいことが報告される(堀他，2005)。こういった状況について中込(2004)は，臨床家としての立場から競技スポーツの世界は潜在的にストレスフルな状況にあり，心の健康を維持していくためにはストレスの軽減を目的に心理技法を身につけておく必要があると述べている。

スポーツ場面におけるストレス状況において表出される不安や抑うつといったストレス反応は，その状況をどのように捉えるかという認知的評価に大きく影響されるだけでなく，自分自身に対する否定的な考え方も，不安，抑うつあるいはパフォーマンス低下に大きな影響を及ぼすことが知られている（Lazarus & Folkman, 1984; Meichenbaum & Gilmore, 1971; Glass, Gottman & Shmurak, 1976; Beck et al., 1979）。そのため，欧米諸国では，自分自身の考え方のクセを理解し，自分を苦しめる考え方に気づき，発想を切り替える心理技法として選手の育成からオリンピックの期間中における選手のメンタルマネジメントに，CBT 的アプローチが数多く採用されている。

前述したジュニアアスリートのメンタルヘルスの諸問題を考慮しても，CBT を学校教育に活用することで，ジュニアアスリートを含む生徒が自分自身の考え方や他者の健康課題を理解し，自ら進んで自己管理を行うことが生涯にわたってできるようになることは，まさにスポーツや学校体育の意義の一つだと考える。

（2）グループの対象

第 81 回全国高等学校野球選手権大会優勝経験を有する硬式野球部がある桐生第一高等学校の進学スポーツコースを対象に CBGT を行った。進学スポーツコースは，硬式野球部に加え，それぞれ全国高等学校大会レベルのラグビー部，サッカー部，バスケットボール部，3×3 バスケットボール部，柔道部，陸上部の全 7 競技，約 350 人の男子生徒からなる。CBGT は，全 12 単位時間で構成されており，基本的に 1 学年時に 6 単位時間，2 学年時に 4 単位時間，3 学年時に 2 単位時間と卒業までの 3 年間で実施できるようにカリキュラムに組み込まれている。なお，わが国においては，学校教育の一環である部活動が青少年スポーツの担い手になっているという現状がある。学校保健安全法においても，児童生徒の心の健康問題について，養護教諭を中心とした関係教職員などとの連携による組織的な保健指導体制作りが強調されていることを鑑み，筆者らは，CBGT を取り入れる際，まず養護教諭に対して，認知行動療法教育研究会の協力を得て，大野ら（2015）が CBT の原理を用いて作成した情緒教育の授業プログラム『こころのスキルアップ教育の理論と実践』を使用して，CBT を取り入れる趣旨説明からその基本構造と応用・実践について，セミナー形式で実施した。次に，認知行動療法研修開発センターにおいて，部活動に関わる教職員を含めた教職員研修会を実施した。これを基礎に，筆者らが授業展開したCBGTでは，2名の養護教諭を中心に3名程度の部活動顧問に協力してもらい実施している。

（3）グループの構造

筆者らがCBGTを授業展開する際に用いたのが「こころのスキルアップ教育プログラム」である。これは，子どもたちの情緒の安定とストレスへの対処力を高めることを目指した，こころを育むための授業プログラムである。このプログラムは，基本的にはクラス担任の教師が，受けもちクラスの子どもたちに対して授業を行う，というコンセプトで作成されている。そして，各授業の内容は，先生方の理解が容易に進み，すぐに授業に臨めるように，先生方が慣れ親しんでいる学習指導案のスタイルで示されている。ここで示される授業を

図5-14　実際の授業風景

図5-15　実際の授業風景

学校で行うことにより，子どもたちが自分自身の“こころ”との向き合い方を学び，こころがつらくなった時や具体的な問題が生じた際の対処の仕方について考え，学んでいくことができる内容となっており，自己理解，他者理解を深めることを目指している。

プログラムの内容は，単元1「こころを整理するスキル」（全4単位時間），単元2「問題解決のスキル」（全2単位時間），単元3「怒りに向き合うスキル」（全2単位時間），単元4「コミュニケーションスキル」（全2単位時間），単元5「こころのスキルアップ教育のまとめ」（全2単位時間）という5つの単元からなる。

進学スポーツコースは各学年110名程度となるため，グループの構成は単元の内容により，競技別や出席番号別などで区別する工夫を行いながら，図5-14，5-15に示すように6～9名を1グループとしている。授業を行う場所は講堂や大教室などを活用して，アクティブラーニング形式で取り組んでいる。

（4）グループの内容

例えば，単元1の「こころを整理するスキル」では，「気分や行動はその時の考えの影響を受ける」ことを取り扱い，事例を挙げながら「できごと」「考え」「気分・行動・身体」に分けるグループワークを行う。この際に事例として示す「できごと」などをジュニアアスリートが普段から経験するような「対外試合直前の練習で思ったように体が動かず，ミスをたくさんして，落ち込んだ」などの内容にしている。単元の具体的な指導方法については，『こころのスキルアップ教育の理論と実践』を参考にしていただきたい。

一方，これらの取り組みは，こころのスキルを育成することが狙いではあるが，このようなスキルは1回の授業を受講するだけで身につくものではない。

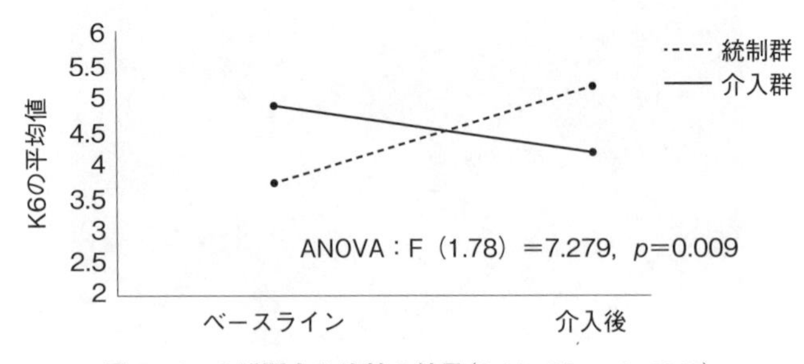

図5-16　2群間介入比較の結果（Sekizaki et al., 2017）

そこで，筆者らは，CBGT に加え，インターネットを用いた CBT(internet-based Cognitive Behavioral Therapy, 以下 iCBT)を組み合わせている。iCBT はインターネットツールをより身近に感じている世代においては抵抗感が少なく，また，プライバシーが守られ，いつでもどこでも受けることができる。事実，図 5-16 に示すように，筆者らが進学スポーツコースを対象に iCBT の有効性について行った 2 群間介入比較研究でもその有効性が示唆された(Sekizaki et al., 2017)。このように CBGT と iCBT を組み合わせることで，部活動の顧問も通常の練習や試合の振り返りの中に CBT 的アプローチを取り入れてくれるようになったことは非常に価値あることであった。なお，ここで使用した“こころのスキルアップトレーニング”はインターネット上でうつ・不安に関する心理教育や認知再構成法を行う iCBT サービスであり，気分が揺れた場面やその時の気分や思考などを指示に従い入力していくことによって，自分の考えや問題などを整理していけるようになっている。また，一部に自動返信対応が導入されており，自己学習が可能なように各所に解説が記載されているため，セルフヘルプとして CBT を活用できるように工夫されている。

(5) その他

このような集団的な取り組みを通じて，それぞれの生徒が自分自身や他者の健康課題を理解する一方で，生徒自身が心身の不調に気づく場面も多くなった。ユニバーサルレベルの予防から，その延長線上にセレクティブレベル・インディケイティドレベルの個別的な予防を要する場合が生じたのである。そこで，現在筆者らは，このような場面への対応として，米国などでの遠隔精神医療を用いた学校における精神保健支援モデルを参考に，わが国の小学校・中学校・高等学校・大学などの学校と児童精神科医・精神科医・心理士などの専門スタッフをインターネットを用いて繋ぎ，オンライン健康相談を提供する Welcome to talk(https://welcometotalk.co.jp)というサービスを展開している。実際のオンライン健康相談では，精神保健，精神疾患，精神科医療などに関する正しい情報提供を通じて，健康課題を自ら進んで自己管理を行うことができるような EdTech による自学自習と学び合いのアウトリーチ型の学校精神保健サービスになっている。このような取り組みはまだ始まったばかりであり，利用者の満足度を高める工夫が求められる。学習指導要領改訂で 2022 年度から精神疾患の理解教育が始まり，その中で「精神疾患は，若者で発症することが多く，だれもが罹患しうること，専門家への相談など適切な対処により回復が可能であること」が強調されている。精神科の校医がいないわが国の学校保健の状況を踏まえ，生徒，教職員，保護者がいつでも，どこでも，気軽に専門家に相談できる，その受け皿の一つにWelcome to talkのオンライン健康相談がなりえるよう努めたいと考えている。　　　　　　　　［関﨑　亮］

5-9　刑事施設での集団認知行動療法

矯正領域では，国内外で，さまざまな対象・環境においてCBTが実践されている。海外の取り組みについては，複数のメタ分析により再犯率を低減させる効果が報告され，その適用範囲，対象がますます拡大している(例えば，Yoon et al., 2017; Koehler et al., 2013)。わが国でも，刑事施設における改善指導の一環として，CBTに基づく標準プログラム(性犯罪再犯防止指導，薬物依存離脱指導等)が実施されているのをはじめ，CBGTの実践が広まりつつある。

矯正処遇の一環としてCBGTを行うにあたっては，一般的な精神療法とは異なる，いくつかの留意点がある。Mitchell et al.(2014)によれば，最も大きな違いはその目指すところである。患者の症状の寛解を目指す一般的な精神療法とは異なり，矯正処遇では，長期的には対象者が今後，罪を犯さないこと，短期的には再犯のリスク要因を低減させることが目標となる。また，多くの精神療法では患者が自ら参加するのに対して，矯正領域では，犯した罪の帰結としてその場に居合わせることから，当然，参加者がプログラムから学ぼうとする動機づけは低いと予想される。そうした状況の中，自らが変化しようとする動機づけを高め，実際の行動変容に結びつけるために，プログラム実施者にはさまざまな工夫が必要となる。例えば，Tafrate et al.(2014)は，性急な直面化を避け，動機づけ面接の技法を用いて介入に対する反応性を高めることを薦めている。矯正処遇が再犯防止に効果を発揮するための条件としては，Andrews et al.(1990)によるRNR(Risk-Needs-Responsivity)原則が知られており，①対象者のリスクに応じて，②再犯に関連し，介入によって変容可能なリスク要因に介入の焦点をあて，③対象者の能力や学習スタイルに合った形で処遇を行うことが必要だとされている。

上記のような特徴をもつ矯正領域でのCBGTの1つとして，本節では，わが国で初めての官民協働運営の刑務所である美祢社会復帰促進センターほかで実施されている反犯罪性思考プログラム(Anti-Criminal Thinking Program;

ACT)(堀越勝監修，小学館集英社プロダクション制作)の実践について紹介する。ACTは，カナダのオンタリオ州政府の地域安全・矯正サービス省(Ministry of Community Safety and Correctional Services)で導入されている，Cox (1990, 2001)のプログラムを参考に作成されたものであり，その要点を同じくしている。

(1) グループの目的

本プログラムは，「受刑者に犯罪の責任を自覚させ，社会生活に適応するのに必要な知識や生活態度を習得(法務省)」させるために行う改善指導の一つとして行われている。その主旨を達成するため，犯罪に至る考えやパターンに気づくこと，それらを修正することを主眼に構築されている。具体的には，自分が悪循環に陥るサイクルを振り返ることに加え，怒りの統制や問題への対処方法についての正しい情報を学ぶ。講義内容から知識を身につけるとともに，グループワークへの参加を通して，自己効力感が高まり，行動や思考のスタイルが変化することが目標に据えられている。

(2) グループの対象

美祢社会復帰促進センターでは，犯罪傾向が進んでいない初入の受刑者(男性及び女性)を対象としている。参加者の選定はスタッフが行い，強盗・傷害・恐喝事犯を中心に，感情統制やそれに伴う問題解決能力を受刑期間中に身につける必要があると判断された者を優先的にプログラムに導入している。また，同センターの全入所者を対象に実施している，自習形式でCBTに取り組むワークブックへの書き込み内容をもとに，教育内容に対して懐疑的もしくは拒否的な傾向が認められた者や，自覚した問題への適切な解決方法が書き込めないなど，理解が不十分であると想定された者も含めている。なお，対象者選定は，他のプログラムとの兼ね合い(例えば，薬物依存離脱指導対象者は除く)や残刑期を考慮して，プログラムの参加に支障がないように配慮がなされている。

(3) グループの構造

1グループの定員は12名，1クール12回，1回の実施時間は90分である。スタッフ配置は原則として，CBTを実施するための訓練を受けた民間スタッフ1名，刑務官1名である。各グループは男女別に組織され，参加者の固定さ

表 5-10 プログラムの構成と各セッションの内容

回	単元	主な指導内容
Pre	オリエンテーション	・プログラムの概要説明・導入 ・Pre テスト実施
1	自分の赤信号に気づこう	・もう 1 つの信号に気づこう―こころの信号― ・自分の赤信号に気づこう―信号は教えてくれる―
2	こころの仕組み	・こころの仕組みを知ろう ・メンタル・マップを作ろう
3	怒りとは何か？	・怒りとは何か？ ・怒りの感情と「敵意」 ・怒りの行動タイプ
4	怒りへの対処法（入門編）	・怒りの自己モニター ・対処法のいろいろ　≪思考編≫ ・共感訓練
5	怒りの問題点	・怒りの何が問題か？（怒りが攻撃に至る自分のプロセスを整理し，対処法を考える）
6	怒りへの対処法（実践編）／痛み止めとは？	・怒りを和らげる方法とは ・対処法のいろいろ　≪身体編・思考編・感情編・行動編≫ ・痛み止めには気をつけよう
7	問題解決法①	・ほしいものと必要なもの ・問題解決していくためには・・・
8	問題解決法②	・新しい問題解決法　≪基礎編≫ ・みんなで知恵を出しあってみよう！　≪事例検討≫
9	問題解決法③	・相手の怒りに対応する方法 ・続；新しい問題解決法
10	問題解決法④	・続；新しい問題解決法 問題解決の 3 ステップ／ドクター方式解決法 ・選択と決意
Post	まとめ	・プログラムの振り返り ・Post テスト実施

れたクローズド形式がとられている。視覚教材を投映するスクリーンが前に置かれ，参加者はそれを囲むように半円に配置される。

毎回のセッションは，概ね，①ルールの確認，②アジェンダ設定，③イントロゲーム，④セッションの内容(心理教育＋ディスカッション)，⑤まとめとホームワーク設定，といった通常の CBT に準じた流れで行う。③のイントロゲームは，その日のセッション内容に関連したトピックを，ゲーム感覚で取り組める形で取り上げるものであり，セッションの内容に対する参加者の関心を高める狙いがある。そのほか，矯正領域になじむプログラム制作・実施上の工夫として，堀越(2010)は，次の5つを挙げている。①イラスト，身近な事例，たとえなどをふんだんに使い，理解しやすいように工夫する，②ディスカッションなどを短時間にする(話が脱線しないよう)，③1回のセッションで伝えたいことを1つか2つに絞る，④ PowerPoint を使ってプログラムを作り，それを見せながらグループを進めることで，実施者による講義内容のバラつきを最小に抑える，⑤心理教育の面を強調し，学習したことを出所後に応用させることができるよう問題解決の方法を学ばせることを中心とする。

(4) グループの内容

プログラムは大きく2つに分けられ，前半では怒りのマネジメントを，後半では問題解決法を取り上げる。各セッションの内容は，表 5-10 のとおりである。

このプログラムでは，怒りの感情の意義を認めた上で，怒りを感じるときに経験する思考プロセスや，それに伴う行動に，犯罪者自身が健全な制限や境界を設けられるようになることを目指す。また併せて，自分の考えていることへ意識を向けた上で，状況に対して別の評価を行う能力やさまざまな解決法を生み出す能力，行動を選択する前に解決法を評価する能力を培うことによって，より適応的で向社会的な対応ができるよう促す。

プログラムの構成としては，オリエンテーションに続き，1・2回で認知行動モデルや感情についての心理教育を行う。3～6回では，怒りが果たす適応的な役割を理解した上で，怒りを感じる時に経験する思考プロセスや，怒りを覚えた時にとってしまう行動をふり返る。そうした自分のサイクルを自覚したうえで，犯罪に結びつきやすい思考や行動がエスカレートするのを防ぐ方略を検討する。続く 7～10 回では，前半で整理したサイクルを念頭に，今までとは違った対処法を獲得することを主眼として，事例を用いて新たな対処法の使い方を学んだうえで，それらを自分自身にいかに応用していくかを検討する。

（5）その他

本プログラムの効果については，対照群なしの前後比較(高岸他，2014)において，ACTの受講後，怒りの統制が高まり，積極的な問題解決を図る傾向が促進されるなど，プログラムの主旨から期待されるプロセス指標上の変化が概ね認められたことが報告されている。しかし，現場での実践と準実験的な研究デザインの両立が困難なことから，ランダム化比較試験の実施には至っていない状況である。

本節で取り上げたプログラムに限らず，日本の刑事施設においては，質の担保されたエビデンスを蓄積する試みが始まったばかりであり，プログラムが受講者の再犯防止や社会適応の向上に及ぼす中・長期的な効果の検証結果が待たれるところである。また，矯正領域におけるCBT導入の試みは近年急速に展開されたものであるために，指導経験は豊富であってもCBTには十分習熟していない職員も多く，指導に当たる職員の知識・技能の向上が課題である。

刑事施設内でプログラムを受講した者は，出所後にはじめて，認知行動的なスキルを本格的に活用し，再犯のリスクに自ら挑むことになる。平成28年(2016年)6月から施行された刑の一部執行猶予制度や，同年12月から施行された再犯の防止等の推進に関する法律など，社会内でのチャレンジを支援する法的な枠組みも整備されつつある中，刑事施設内での処遇が地域での生活を円滑にし，罪を犯さずに生きることに寄与できるものになっているか，注視していく必要があろう。　［高岸百合子］

Column 2.

認知行動療法に基づく職域の集団教育

(1) はじめに

職域におけるこころの健康教育はさまざまな形態で行われているが，ここでは，これまでに科学的根拠が検証されているインターネットやチャットボットを活用して集団で行う簡易型認知行動療法研修(大野・田中，2017)の可能性について論じることにしたい。図1はその基本的な流れを示したものであり，簡便に導入できる方策としては，広報資材の配布やイントラネットで動画を配信するなどのeラーニングなどを通してCBT理論に基づくストレス対処策を社員に紹介することができる。さらに可能であれば，社内研修にそうしたストレス対処策を組み込むことが考えられる。その研修内容について，次に解説する。

(2) 社内研修の内容

CBT理論に基づく集団研修は，1〜2時間かけて対象とする職場の全社員に対して行う。そこでは，ストレスやCBTについての心理教育を行った後に，次に挙げるCBTを活用したストレス対処の4つのステップの研修を，グループワークを交えながら行う。

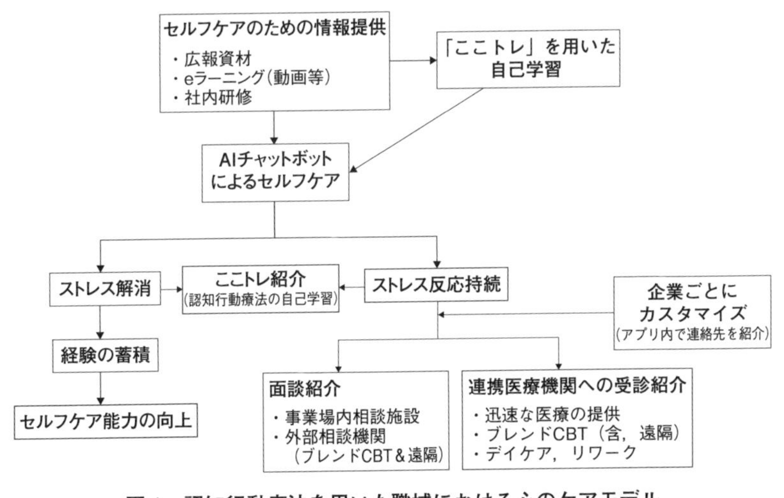

図1　認知行動療法を用いた職域における心のケアモデル

• 第 1 ステップ：気持ちや身体の変調に気づく

気持ちや身体の変調はアラームであり，そのアラームに気づいて適切に反応することが効果的なストレス対処の第一歩であることを伝える。

• 第 2 ステップ：ひと息入れて自分を取り戻す

気持ちが動揺した時に，行動を通してひと息入れる方法を紹介する。この方法は人によって異なり，散歩をしたり，ジョギングをしたり，トレーニングジムに行ったりするなど，体を動かすことで自分を取り戻す人がいれば，本を読んだり，人と話したりして，他の視点を取り入れることで気持ちを切りかえる人もいる。旅行をしたり，美術館に行ったり，家庭菜園で野菜を育てたりするなどして，日常から離れて気分転換をするのも有効な方法である。このように自分が関心のあることをして五感に働きかけ，日常の流れから自分を取り戻すことができれば，ストレスにうまく対処できるようになる。ここで，過去や将来にとらわれないで今の自分を見つめ直すマインドフルネスについて教育することも役に立つ。

• 第 3 ステップ：思い込みから自由になる

ストレスを強く感じている時，私たちは悪い面ばかりを観てしまうようになる。「もうどうすることもできない」「なんて自分はダメなんだ」といった厳しい言葉を自分に投げかけて，つらい気持ちになっていく。そうしたときに，少し冷静になって問題に柔軟に対応できるとずいぶん気持ちが楽になってくる。

そのためには，その時頭に浮かんでいる考えに注目すると良い。思いこみの世界から現実の世界に立ち返って，自分が考えていることがどの程度現実に沿ったものか，もう一度検討してみるようにすると，現実の問題に対処する方策が見えてくる。その場合には 7 コラムを用いる認知再構成法が役に立つが，それを導入する際の話の進め方は以下のようになる。

a. まず，書き出すことで，自分の考えや行動を客観的に見ることができるようになることを伝える。
b. 「状況・感情・思考」を書き込むことで「考えていることが必ずしも現実と同じではない」ことを伝える。
c. 「根拠・反証」を書き込むことで，現実に起きていることを客観的に振り返るようにする。ここでは，良いか悪いかと言った抽象的な内容を話し合うのではなく，現実に何が起きたか，良いことも良くないこともすべて書き出すように勧める。
d. 現実を冷静に振り返ることで，問題点だけでなく自分の力や長所も認識し，次につながる工夫ができる考え方ができるようになるように導く。適応的な思考というのは，問題がないと楽観的に考えるのではなく，問題は問題として認識した上で，上手に自分の力を使いながら問題に対処する工夫ができるようになる考えのことだということを伝えるようにする。

• 第 4 ステップ：期待する現実に近づくために工夫する

つらい気持ちになっているときには，「どうせ何をやってもダメだ」と考えるようになりやすい。その結果，あきらめの気持ちが強くなるが，そうすると，いつまでたってもやる気は出てこないし，自信もつかない。そうしたときには，行動を通してやる気を刺激する行動活性化を行ったり，問題解決技法を使ったり，コミュニケーションスキルを意識して他の人から手助けしてもらえるようにする。

そのときに，「実際に起きた現実(actual outcome：AO)」と「期待する現実(desired outcome：DO)」とを意識するようにすることが役に立つ。ガッカリするような現実(AO)に目を向けながら，こうなってほしいと自分が考える現実(DO)に近づくようにするにはどうすれば良いか，その工夫を具体的に考えていくように勧める。

こうした研修を行った後に，CBT 学習サイト「こころのスキルアップ・トレーニング((http://cbtjp.net，以下，「ここトレ」)やチャットボットを使った自己学習を促すことによって，集団研修の成果の定着を図る。

(3) 集団療法における「ここトレ」の活用と効果の検証

「ここトレ」は，日常生活の中で体験する悩み，うつや不安などのストレス反応に対処するスキルを身につけることを目的として作成したサイトで，CBT に関する種々の情報を文章や動画で提供するとともに，利用者が情報を書き込んで考えや問題を整理しながら CBT について体験的に学習できるように構成されている。また，毎週末こころの健康に関するメルマガが届けられるが，職域では，メルマガと同時に，保健スタッフからのメールを届けるようにすると，個別のフォローにもつながる。

集団教育を行った後に「ここトレ」を使って教育の効果を高めることができる。その効果を検証するために，某企業で次のような研究(Kimura et al., 2015)を行った。職場の全社員 213 名を無作為に 2 群に分けて，約 2 時間の研修を行った後 1 か月間「ここトレ」を利用して自己学習した社員と，そうしたことを行わなかった社員とを比較した。その後，こころの不調に陥っていなかった社員を比較した結果,「ここトレ」を使ってこうした研修を行った社員では,仕事のパフォーマンスに関する自己評価と考え方の柔軟性が明らかに高まっていた。

別の企業で行った研究(Mori et al., 2014)では,軽度のこころの不調が認められた社員を対象に同様の研修を行い,研修終了6か月後のこころの健康状態を調べたところ,集団研修を受けただけの群では研修後に心の健康度が改善していたが,その後またもとの不調な状態に戻っていった。一方,「ここトレ」による自己学習を行った群では,その後もこころの健康状態の改善状態が持続していた。同様の所見は,教員を対象にした研究(Oishi et al., 2018)でも認められている。

(4) AIを用いたチャットボット「こころコンディショナー」の活用

近年では,集団教育もしくは「ここトレ」による自己学習を行った後に,AI(人工知能)を用いたチャットボットを用いて日常のストレスに対処し,こころの健康を高めていく可能性が出てきている。

そのひとつに,CBT 理論を応用した AI チャットボット「こころコンディショナー」がある。これは,悩んでいる人の気持ちに寄り添いながら,CBT の手法を用いて問題対処に向かえるように手助けする目的で,筆者が共同制作している AI プログラムである。

この AI プログラムは相談モードと雑談モードの2つのモードで構成されている。相談モードでは,三大ネガティブ感情と呼ばれるうつ,不安,怒りの感情を手がかりに,考えを整理し,問題対処能力を引き出す以下のような流れになっている。この相談モードに加えて,「こころコンディショナー」には,自分の考えを一方的に吐き出したり,他愛ないおしゃべりをしたりする雑談モードも組み込まれている。雑談モードでは,ネガティブな気持ちになっていることが疑われる言葉がいくつか続いた時には,相談モードに切りかえるかどうか確認する作りになっている。

相談モード,雑談モードともに対話のプロセスはすべて保存され,自分で振り返って確認したり活用したりできるようになっている。また,いずれのモードでも,思うように気持ちが軽くならないときには,CBT についてさらに詳しく学習できるように「ここトレ」が紹介されている。また,「こころコンディショナー」や「ここトレ」の自己学習で気持ちが軽くならないときには,職場内もしくは外部の相談機関や提携相談機関の連絡先を提示するなど,契約企業別にカスタマイズができるように作られている。

（5）おわりに

CBT 理論に基づく集団教育に CBT 学習サイト「ここトレ」を併用することで健康な社員のモティベーションが高まり，ストレスを感じている場合にはそれが軽減する可能性について紹介した。さらに今後は，AI チャットボット「こころコンディショナー」を用いることで，社員のこころの健康を高められる可能性があることについて論じた。

「こころコンディショナー」に関しては，実証実験の過程で，チャットボット利用中に人に相談したくなったという社員の意見が報告されていることから，誰にも相談できず一人で悩んでいる社員の援助希求行動を促すツールとして活用できる可能性が示唆された。「こころコンディショナー」に関する情報は，筆者が代表を務めるストレスマネジメントネットワークのホームページ(https://stress-management.co.jp/)上にアップしてある。　［大野　裕］

【引用文献】

Kimura R., Mori, M., Tajima, M. et al. (2015). Effect of a brief training program based on cognitive behavioral therapy in improving work performance: A randomized controlled trial. *Journal of Occupational Health, 57*(2), 169-178.

Mori, M., Kimura, R., Sasaki, N. et al. (2014). A Web-Based Training Program Using Cognitive Behavioral Therapy to Alleviate Psychological Distress Among Employees: Randomized Controlled Pilot Trial. *Journal of Medical Internet Research Research Protocols, 3*(4), e70.

Oishi, S., Takizawa T., Kamata, N. et al. (2018). Web-Based Training Program Using Cognitive Behavioral Therapy to Enhance Cognitive Flexibility and Alleviate Psychological Distress Among Schoolteachers: Pilot Randomized Controlled Trial. JMIR Res Protoc, Jan 26;7(1): e32

大野裕・田中克俊(2017). 保健，医療，福祉，教育に生かす　簡易型認知行動療法実践マニュアル　ストレスマネジメントネットワーク

引用・参考文献

◆1章の引用文献

Akiyama, T., Tsuchiya, M., Igarashi, Y. et al. (2010). "Rework Program" in Japan: Innovative High Standard Rehabilitation. *Asia-Pacific Psychiatry, 2*(4), 208-216.

The American Group Psychotherapy Association (2007). *Clinical Practice Guideleines for Group Psychotherapy.* (日本集団精神療法学会（監訳）(2014). AGPA集団精神療法実践ガイドライン　創元社)

Beck, A. T., Rush A.J., Shaw, B.F. et al. (1979). *Cognitive Therapy for Depression.* Guilford Press. (坂野雄二・神村栄一・清水里美・前田基成（共訳）(2007). うつ病の認知療法〈新版〉岩崎学術出版社)

Beck, A., & Lewis, C.S. (2000). *The process of group therapy: Systems for analyzing change.* American Psychological Association Press.

Beck, J.S. (1995). *Cognitive therapy: basics and beyond.* Gulford Press. (伊藤絵美・神村栄一・藤澤大介（訳）(2004). 認知療法実践ガイド 基礎から応用まで　星和書店)

Bieling, P.J., McCabe, R.E., & Antony, M.M. (2006). *Coginitive-Behavioral Therapy in Groups.* Guilford Press.

Ellis, A. (1962). *Reason and emotion in psychotherapy.* Lile Stuart.

Feng, C. Y., Chu, H., Chen, C.H. et al. (2012). The Effect of Cognitive Behavioral Group Therapy for Depression: A Meta-Analysis 2000-2010. *Worldviews on Evidence-Based Nursing*, First-Quarter, 2-17.

飯倉康郎・山上敏子 (1999). 行動療法. 松下正明（編）臨床精神医学講座，第15巻 (pp.251-272.) 中山書店

Jóhnson, H., & Hougaard, E. (2009). Group cognitive behavioral therapy for obsessive-compulsive disorder: A systematic review and meta-analysis. *Acta Psychiatr Scand, 119*, 98-106.

関東集団認知行動療法研究会（中島美鈴・奥村泰之編）(2011). 集団認知行動療法実践マニュアル　星和書店

北川信樹 (2008). 児童・青年期のうつ病性障害に対する精神療法―主に認知行動療法について―　児童青年精神医学とその近接領域, *49*, 126-137.

北川信樹 (2009). こころのケアの実際：認知行動療法　*JOHNS, 25*, 701-703.

北川信樹・賀古勇輝・渡邉紀子ほか (2009). うつ病患者の復職支援の取り組みとその有効性　心身医学, *49*, 123-131.

熊野宏昭 (2012). 新世代の認知行動療法　日本評論社

松永美希・鈴木伸一・岡本泰昌ほか (2007). うつ病に対する集団認知行動療法及び展望　精神科治療学, *22*, 1081-1091.

Lieberman, M.A., Miles, M.B., & Yalom, I.D. (1973). *Encounter groups: First facts.* Basic Books.

Michenbaum, D. (1985). *Stress inocuton training.* Pergamon. (根建金男 (監訳) (1989). ストレス免疫訓練―認知行動療法の手引き　岩崎学術出版社)

National Institute for health and Clinical Excellence (2006). *Obsessive compulsive disorder: Core interventions in the treatment of obsessive compulsive disorder and body dysmorphic disorder.* British Psychological Society and Royal College of Psychiatrists.

National Institute for health and Clinical Excellence (2008). *Drug misuse: Psychological interventions.* British Psychological Society and Royal College of Psychiatrists.

National Institute for health and Clinical Excellence (2009). *Depression: The treatment and management of depression in adults.* British Psychological Society and Gaskell.

National Institute for health and Clinical Excellence (2010). *Schizophrenia: Core interventions in the treatment and management of schizophrenia in adults in primary and secondary care* (updated edition). British Psychological Society and Royal College of Psychiatrists.

Okumura, Y., & Ichikura, K. (2014). Efficacy and acceptability of group cognitive behavioral therapy for depression: A systematic review and meta-analysis. *J Affect disord, 164,* 155-164.

Riba, M.B., & Baron, R. (1999). *Federal Regulation of Methadone treatment: A collaborative approach.* American Psychiatric Publishing.

坂野雄二 (2011). 認知行動療法の基礎　金剛出版

坂野雄二 (2005). 認知行動療法の基本的発想を学ぶ　こころの科学, *121*, 26-30.

集団認知行動療法研究会 (2011). さあ！やってみよう集団認知行動療法～うつ・不安への支援のために～　医学映像教育センター

鈴木伸一・岡本泰昌・松永美希 (2011). うつ病の集団認知行動療法　実践マニュアル―再発予防や復職支援に向けて―　日本評論社

Yalom, I.D. (1970). *The theory and practice of group psychotherapy.* Basic Books.

Yalom, I.D. & Leszcz, M. (2005). *The theory and practice of group psychotherapy* (5th ed.). Basic Books.

Wersebe, H., Sijbrandij, M., & Cuijpers, P. (2013). Psychological Group-Treatments of Social Anxiety Disorder: A Meta-Analysis. PLoS ONE, 8, e79034

Wykes, T., Hayward, P., Thomas, N. et al. (2005). What are the effects of group cognitive behavior therapy for voices? A randomized control trial. *Schizophr Bull, 34,* 523-537.

◆２章の引用文献

Bieling, P. J., McCABE, R. E., & Antony, M. M. (2006). *Cognitive-behavioral therapy in groups.* New York : Guilford Press.

Corey, G. (2000). *Theory and practice of group counseling.* 5th ed. Belmont, CA : Wadsworth/Thomson Learning.

Corey, M. S., Corey, G., & Corey, C. (2010). *Groups :Process and Practice.* 8th ed. Belmont, CA : BrooksCole/Cengage Learning

Dies, R. R. (1986). Practical, theoretical and empirical foundations for group psychotherapy, in Psychiatry Update : *American Psychiatric Association Annual Review*, vol. 5. Edited by Frances A. J., & Hales R. E. Washington, DC : American Psychiatric Press.
金沢吉展（1998）．カウンセラー：専門家としての条件　誠信書房
金沢吉展（2006）．臨床心理学の倫理を学ぶ　東京大学出版会
Kottler, J. A. (1994). Working with difficult group members. *Journal for Specialists in Group Work, 19*, 3-10.
Martin, D., Garske, J., & Davis, M. (2000). Relation of therapeutic alliance with outcome and other variables : A meta-analytic review. *Journal of Consulting and Clinical Psychology, 8*, 438-450.
Horvath, A. O., & Symonds, B. D. (1991). Relation between working alliance and outcome in psychotherapy : A meta-analysis. *Journal of Counseling Psychology, 38*, 138-149
Ogrodniczuk, J. S., Piper, W. E., & Joyce, A. (2004). Differnce in men's and women's response to short-term group psychotherapy. *Psychotherapy Research, 14*, 231-243
Ogrodniczuk, J. S., Piper, W. E., Joyce, A., McCsllum, M., & Rosie, J. S. (2003).NEO-Five Factor personality traits as predictors of response to two forms of group psychotherapy. *International Journal of Group Psychotherapy, 3*, 417-443.
The American Group Psychotherapy Association (AGAP) (2007). *Clinical practice guidelines for group psychotherapy.* New York : The American Group Psychotherapy Association.（日本集団精神療法学会（監訳）（2014）．AGPA 集団精神療法実践ガイドライン　創元社）

◆3章の引用・参考文献

秋山剛・大野裕（監修）（2008）．さぁ！はじめよう　うつ病の集団認知行動療法　医学映像教育センター
Bieling. P. J. et al. (2006). *Cognitive–Behavioral Therapy Groups.* Guilford.
Corey G. (2011). *Theory and Practice of Group Counseling.* Brooks/Cole Pub Co.
Corey G. et al. (2008). Groups : *Process and Practice.* Brooks/Cole.
堀越勝・野村俊明（2012）．精神療法の基本：支持から認知行動療法まで　医学書院
中島美鈴・奥村泰之（編）（2011）．集団認知行動療法実践マニュアル　星和書店
鈴木伸一 他（2011）．うつ病の集団認知行動療法実践マニュアル　日本評論社
集団認知行動療法研究会（監）（2011）．さあ！やってみよう　集団認知行動療法　医学映像教育センター
The American Group Psychotherapy Association (2007). *Clinical practice guidelines for group psychotherapy.* New York : The American Group Psychotherapy Association.
Yalom, I.D., & Vinogradov, S. (1989). *Concise Guide to Group Psychotherapy.* American Psychiatric Press.

◆4−1の引用文献

Feng, C.Y., Chu, H, Chen, C.H., Chang, Y.S., Chen, T.H., Chou, Y.H., Chang, Y.C., & Chou,

K.R. (2012). The effect of cognitive behavioral group therapy for depression: a meta-analysis 2000-2010. *Worldviews on Evidence-Based Nursing, 9*(1), 2-17.

松永美希・鈴木伸一・岡本泰昌・木下亜紀子・吉村晋平・山脇成人 (2007). うつ病に対する集団認知行動療法の展望. 精神科治療学, *22*(9), 1081-1091.

中村聡美 (2018). うつ病休職者の集団認知行動療法に関する混合型研究　風間書房

岡田佳詠 (2007). 第Ⅲ章　女性のための集団認知行動療法. 秋山剛・大野裕 (監修) さあ！はじめよう　うつ病の集団認知行動療法. 医学映像教育センター, pp.96-143.

岡田佳詠 (2011). 3章　プログラム開始前の準備. 集団認知行動療法研究会 (監修) さあ！やってみよう　集団認知行動療法　うつ・不安への支援のために. 医学映像教育センター, pp.130-139.

Okumura, Y., & Ichikura, K. (2014). Efficacy and acceptability of group cognitive behavioral therapy for depression: a systematic review and meta-analysis. *Journal of affective disorders, 164*, 155-164.

田島美幸・中村聡美・岡田佳詠 (2011). 第2章　各施設の実践例　NTT東日本関東病院　精神神経科の場合. 集団認知行動療法研究会 (監修) さあ！　やってみよう　集団認知行動療法　うつ・不安への支援のために. 医学映像教育センター, pp.106-119.

◆4−2の引用文献

Basco, M.R., & Rush, A.J. (1996). *Cognitive-behavioral therapy for bipolar disorder*. New York: Guilford.

Colom, F., Vieta, E., Martinez-Aran, A. et al. (2003). A randomized trial on the efficacy of group psychoeducation in the prophylaxis of recurrence in bipolar patients whose disease is in remission. *Arch Gen Psychiatry, 60*, 402-407.

Frank, E., Kupfer, D.J., Thase, M.E. et al. (2005). Two-year outcomes for interpersonal and social rhythm therapy in individuals with bipolar I disorder. *Arch Gen Psychiatry, 62*, 996-1004.

北川信樹 (2016). 双極性障害の認知行動療法　最新精神医学, *21*, 349-357.

北川信樹 (2017). 多様化する双極性障害への治療アプローチ「認知行動療法」精神科, *30*(4), 280-285.

北川信樹 (2018). 双極性障害の認知行動療法・リワーク. 精神医学, *60*(7), 763-772.

Lam, D.H., Burbeck, R., Wright, K., & Pilling, S.. (2009). Psychological therapies in bipolar disorder: the effect of illness history on relapse prevention — a systematic review. *Bipolar Disorders, 11*, 474.

ラム, D.H.・ジョーンズ, S.H.・ヘイワード, P.／北川信樹・賀古勇輝 (監訳) (2012). 双極性障害の認知行動療法　岩崎学術出版社

Lam, D., Watkins, E., Hayward, P. et al. (2003). A randomized controlled study of cognitive therapy of relapse prevention for bipolar affective disorder — outcome of the first year. *Arch Gen Psychiatry, 60*, 145-152.

Miklowitz, D.J., George, E.L., Richards, J.A. et al. (2003). A randomized study of family-focused psychoeducation and pharmacotherapy in the outpatient management of bipolar

disorder. *Arch Gen Psychiatry, 60*, 904-912.
Miklowitz, D.J., Otto, M.W,. Frank, E. et al. (2007). Psychosocial treatments for bipolar depression: A 1-year randomized trial from the systematic treatment enhancement program. *Arch Gen Psychiatry, 64*, 419-427.
奥山真司 (2012). 双極性障害のリワーク・プログラム―双極性障害に罹患して治療中に急務に至った勤労者への復職に際しての精神科リハビリテーション・プログラム―. 産業ストレス研究, *19*, 227-234.
Perry, A., Tarrier, N., Morriss, R. et al. (1999). Randomized controlled trial of efficacy of teaching patients with bipolar disorder to identify early symptoms of relapse and obtain treatment. *BMJ, 318*, 149-153.

◆4−3の参考文献

デイビット・ロバーツ, デイビット・ペン, デニス・コームズ／中込和幸・兼子幸一・最上多美子 (訳) (2011). 社会認知ならびに対人関係のトレーニング (SCIT) 治療マニュアル 星和書店
ジェッシー・ライト, ダグラス・ターキントン, デイビッド・キングドン, モニカ・バスコ／古川壽亮 (監訳) (2010). 認知行動療法トレーニングブック 統合失調症・双極性障害・難治性うつ病編 医学書院

◆4−4の引用文献

Andrews, G., Creamer, M., Crino, R., Hunt, C., Lampe, L., & Page A. (2002). *The Treatment of Anxiety Disorders : Clinician Guides and Patients Manuals.* 2nd ed. Cambridge University Press. (古川壽亮 (監訳) (2003). 不安障害の認知行動療法 (1) パニック障害と広場恐怖 不安障害の認知行動療法 (2) 社会恐怖 星和書店)
Clark, D. M., & Wells, A. (1995). A cognitive model of social phobia. In R.G. Heimberg et al. (Eds.), *Social Phobia : Diagnosis, assessment and treatment.* Guilford Press, pp.69-93.
Sarkovskis, P. M. (1988). Hyperventilation and anxiety. *Current Opinion in Psychiatry, 1*, 78.

◆4−5の引用文献

Albert, U. et al. (2010). Family accommodation in obsessive-compulsive disorder: Relation to symptom dimensions, clinical and family characteristics. *Psychiatry Research, 179*(2), 204-211.
Geller, D. A., & March, J. (2012). Practice parameter for the assessment and treatment of children and adolescents with obsessive-compulsive disorder. *Journal of the American Academy of Child and Adolescent Psychiatry, 51*(1), 98-113.
Grover, S. et al. (2011). Perceived burden and quality of life of caregivers in obsessive-compulsive disorder. *Psychiatry Clinical Neuroscience, 65*(5), 416-422.
Hansen, B. et al. (2018). The Bergen 4-day OCD Treatment Delivered in a Group Setting:

12-Month Follow-Up. *Frontiers in Psychology, 9*(639).

Pozza, A. et al. (2017).Drop-out efficacy of group versus individual cognitive behavioural therapy: What works best for Obsessive-Compulsive Disorder? A systematic review and meta-analysis of direct comparisons. *Psychiatry Research, 258*, 24-36.

Schwartze, D. et al. (2016). Efficacy of group psychotherapy for obsessive-compulsive disorder: A meta-analysis of randomized controlled trials. *Journal of Obsessive–Compulsive and Related Disorders, 10,* 49-61.

Stewart, S.E. et al. (2008). Predictors of family accommodation in obsessive-compulsive disorder. *Annals of Clinical Psychiatry, 20*, 65-70.

Shinmei, I. et al. (2016). Pilot study of exposure and response prevention for Japanese patients with obsessive-compulsive disorder. *Journal of Obsessive–Compulsive and Related Disorders, 15*, 19-26.

Thompson-Hollands, J. et al. (2014). Family involvement in the Psychological Treatment of Obsessive-Compulsive Disorder: A meta-Analysis. *Journal of Family Psychology, 28*(3), 287-298.

◆4−6の引用・参考文献

Arnfred, S. M., Aharoni, R., Hvenegaard, M., Poulsen, S., Bach, B., Arendt, M., . . . Reinholt, N. (2017). Transdiagnostic group CBT vs. standard group CBT for depression, social anxiety disorder and agoraphobia/panic disorder: Study protocol for a pragmatic, multicenter non-inferiority randomized controlled trial. *BMC Psychiatry, 17*(1), 37. doi:10.1186/s12888-016-1175-0

Barlow, D.H. et al. (2011a). *Unified Protocol for Transdiagnostic Treatment of Emotional Disorders: Workbook*. Oxford University Press, Inc. （伊藤正哉・堀越勝（訳）(2012). 不安とうつの統一プロトコル　診断を超えた認知行動療法　ワークブック　診断と治療社）

Barlow, D.H. et al. (2011b). *Unified Protocol for Transdiagnostic Treatment of Emotional Disorders: Therapist Guide*. Oxford University Press, Inc. （伊藤正哉・堀越勝（訳）(2012). 不安とうつの統一プロトコル　診断を超えた認知行動療法　セラピストガイド　診断と治療社）

Barlow, D. H.（講演）／伊藤正哉・堀越勝（監修・執筆）(2014). 不安とうつの統一プロトコル バーロウ教授によるクリニカルデモンストレーション　診断と治療社

Barlow, D. H., Farchione, T. J., Bullis, J. R., Gallagher, M. W., Murray-Latin, H., Sauer-Zavala, S., . . . Cassiello-Robbins, C. (2017). The Unified Protocol for Transdiagnostic Treatment of Emotional Disorders Compared With Diagnosis-Specific Protocols for Anxiety Disorders: A Randomized Clinical Trial. *JAMA Psychiatry*. doi:10.1001/jamapsychiatry. 2017. 2164

Barlow, D. H. 他（編集）／伊藤正哉・堀越勝（監訳）(2020). 不安とうつの統一プロトコル 診断を越えた認知行動療法 臨床応用編　診断と治療社

Bullis, J. R., Sauer-Zavala, S., Bentley, K. H., Thompson-Hollands, J., Carl, J. R., & Barlow, D. H. (2014). The Unified Protocol for Transdiagnostic Treatment of Emotional Disorders: Preliminary Exploration of Effectiveness for Group Delivery. *Behav Modif.* doi:10.1177/0145445514553094

de Ornelas Maia, A. C., Nardi, A. E., & Cardoso, A. (2014). The utilization of unified protocols in behavioral cognitive therapy in transdiagnostic group subjects: A clinical trial. *J Affect Disord, 172c*, 179–183. doi:10.1016/j.jad.2014.09.023

Ito, M., Horikoshi, M., Kato, N., Oe, Y., Fujisato, H., Nakajima, S., . . . Ono, Y. (2016). Transdiagnostic and Transcultural: Pilot Study of Unified Protocol for Depressive and Anxiety Disorders in Japan. *Behav Ther, 47*(3), 416–430. doi:10.1016/j.beth.2016.02.005

Laposa, J. M., Mancuso, E., Abraham, G., & Loli-Dano, L. (2017). Unified Protocol Transdiagnostic Treatment in Group Format. *Behav Modif, 41*(2), 253–268. doi:10.1177/0145445516667664

Osma, J., Castellano, C., Crespo, E., & Garcia-Palacios, A. (2015). The unified protocol for transdiagnostic treatment of emotional disorders in group format in a spanish public mental healrh setting. *Behavioral Psychology–Psicologia Conductual, 23*(3), 447–466. Retrieved from 〈Go to ISI〉: //WOS: 000365827700003

Osma, J., Suso-Ribera, C., Garcia-Palacios, A., Crespo-Delgado, E., Robert-Flor, C., Sanchez-Guerrero, A., . . . Torres-Alfosea, M. A. (2018). Efficacy of the unified protocol for the treatment of emotional disorders in the Spanish public mental health system using a group format: study protocol for a multicenter, randomized, non-inferiority controlled trial. *Health Qual Life Outcomes, 16*(1), 46. doi:10.1186/s12955-018-0866-2

Reinholt, N., Aharoni, R., Winding, C., Rosenberg, N., Rosenbaum, B., & Arnfred, S. (2017). Transdiagnostic group CBT for anxiety disorders: the unified protocol in mental health services. *Cogn Behav Ther, 46*(1), 29–43. doi:10.1080/16506073.2016.1227360

◆ 4−7 の引用文献

American Psychiatric Association. (2013). *Diagnostic and statistical manual of mental disorders.* 5th ed. Arlington, VA: Author.

Bass, J. K., Annan, J., McIvor Murray, S., Kaysen, D., Griffiths, S., Cetinoglu, T., . . . Bolton, P. A. (2013). Controlled trial of psychotherapy for Congolese survivors of sexual violence. *New England Journal of Medicine, 368*(23), 2182–2191.

伊藤正哉・樫村正美・堀越勝 (2012). こころを癒すノート：トラウマの認知行動療法自習帳 創元社

National Institute for Health and Clinical Excellence (2018). *Post–traumatic stress disorder: The management of PTSD in adults and children in primary and secondary care.* London/Leicester: Gaslell and British Psychological society.

Resick, P. A., Galovski, T. E., Uhlmansiek, M. O., Scher, C. D., Clum, G., & Young-Xu, Y. (2008). A randomized clinical trial to dismantle components of cognitive processing therapy for posttraumatic stress disorder in female victims of interpersonal violence. *Journal of Consulting and Clinical Psychology, 76*(2), 243–258.

Resick, P. A., Manson, C. M., & Chard, K. M. (2017). *Cognitive Processing Therapy for PTSD:*

A Comprehensive Mannual. by Patricia A. Resick PhD, Candisce M. Monson PhD, Kathleen M. Chard PhD. Guilford Press, New York.

Resick, P. A., & Schnicke, M. K. (1992). Cognitive processing therapy for sexual assault victims. *Journal of Counseling and Clinical Psychology, 60*(5), 748-756.

Resick, P. A., & Schnicke, M. K. (1993). *Cognitive processing therapy for rape victims: A treatment manual.* Newbury Park, CA: Sage.

Resick, P. A., Suvak, M. K., Johnides, B. D., Mitchell, K. S., & Iverson, K. M. (2012). The impact of dissociation on PTSD treatment with cognitive processing therapy. *Depression and Anxiety, 29*(8), 718-730.

リーシック，P. A.・マンソン，C. M.・チャード，K. M.／伊藤正哉・堀越勝（監修）(2019). トラウマの認知処理療法：治療者のための包括手引き　創元社

◆4−8の引用文献

Fujisawa, D. et al. (2010). Prevalence and determinants of complicated grief in general population. *J Affect Disord, 127*(1-3), 352-358.

Ito, M. et al. (2012). Brief Measure for Screening Complicated Grief: Reliability and Discriminant Validity. *PLoS One, 7*(2), e31209.

Prigerson, H. G. et al. (1995). Inventory of Complicated Grief: a scale to measure maladaptive symptoms of loss. *Psychiatry Res, 59*(1-2), 65-79.

Resick, P. A., & Schinicke, M. K. (1996). *Cognitive Processing Therapy for Rape Victims.* California : SAGE publications.

Shear, K. et al. (2005). Treatment of complicated grief: a randomized controlled trial. *JAMA, 293*(21), 2601-2608.

◆4−9の引用文献

Boullin, P., Ellwood, C., & Ellis, J. (2016). Group vs. Individual Treatment for Acute Insomnia: A Pilot Study Evaluating a "One-Shot" Treatment Strategy. *Brain Sciences, 7*(1), 1.

Currie, S. R., Wilson, K. G., Pontefract, A. J., & DeLaplante, L. (2000). Cognitive-behavioral treatment of insomnia secondary to chronic pain. *Journal of Consulting and Clinical Psychology, 68*(3), 407-416.

Ellis, J. G., Cushing, T., & Germain, A. (2015). Treating Acute Insomnia: A Randomized Controlled Trial of a "Single-Shot" of Cognitive Behavioral Therapy for Insomnia. *Sleep, 38*(6), 971-978.

Epstein, D. R., & Dirksen, S. R. (2007). Randomized trial of a cognitive-behavioral intervention for insomnia in breast cancer survivors. *Oncology Nursing Forum, 34*(5), 51-59.

Espie, C. A., MacMahon, K. M. A., Kelly, H. L., Broomfield, N. M., Douglas, N. J., Engleman, H. M., ... Wilson, P. (2007). Randomized clinical effectiveness trial of nurse-administered small-group cognitive behavior therapy for persistent insomnia in general practice. *Sleep, 30*(5), 574-584.

Jansson, M., & Linton, S. J. (2005). Cognitive-Behavioral Group Therapy as an Early Intervention for Insomnia: A Randomized Controlled Trial. *Journal of Occupational Rehabilitation, 15*(2), 177-190. https://doi.org/10.1007/s10926-005-1217-9

Koffel, E. A., Koffel, J. B., & Gehrman, P. R. (2015). A meta-analysis of group cognitive behavioral therapy for insomnia. *Sleep Medicine Reviews, 19*, 6–16.

厚生労働科学研究班・日本睡眠学会ワーキンググループ．（2013）．睡眠薬の適切な使用と休薬のための診療ガイドライン

Miró, E., Lupiáñez, J., Martínez, M. P., Sánchez, A. I., Díaz-Piedra, C., Guzmán, M. A., & Buela-Casal, G. (2011). Cognitive-behavioral therapy for insomnia improves attentional function in fibromyalgia syndrome: A pilot, randomized controlled trial. *Journal of Health Psychology, 16*(5), 770-782.

Morin, C. M., Kowatch, R. A., Barry, T., & Walton, E. (1993). Cognitive-behavior therapy for late-life insomnia. *Journal of Consulting and Clinical Psychology, 61*(1), 137-146.

Qaseem, A., Kansagara, D., Forciea, M. A., Cooke, M., Denberg, T. D., Barry, M. J., ... Wilt, T. (2016). Management of chronic insomnia disorder in adults: A clinical practice guideline from the American college of physicians. *Annals of Internal Medicine, 165*(2), 125-133.

Ree, M., Junge, M., & Cunnington, D. (2017). Australasian Sleep Association position statement regarding the use of psychological/behavioral treatments in the management of insomnia in adults. *Sleep Medicine, 36*, S43-S47.

Riemann, D., Baglioni, C., Bassetti, C., Bjorvatn, B., Dolenc Groselj, L., Ellis, J. G., ... Spiegelhalder, K. (2017). European guideline for the diagnosis and treatment of insomnia. *Journal of Sleep Research, 26*(6), 675-700.

Rybarczyk, B., Lopez, M., Benson, R., Alsten, C., & Stepanski, E. (2002). Efficacy of two behavioral treatment programs for comorbid geriatric insomnia. *Psychology and Aging, 17*(2), 288-298.

Sateia, M. J., Sherrill, W. C., Winter-Rosenberg, C., & Heald, J. L. (2017). Payer perspective of the American academy of sleep medicine clinical practice guideline for the pharmacologic treatment of chronic insomnia. *Journal of Clinical Sleep Medicine, 13*(2), 155-157.

Vitiello, M. V, Rybarczyk, B., Von Korff, M., & Stepanski, E. J. (2009). Cognitive behavioral therapy for insomnia improves sleep and decreases pain in older adults with co-morbid insomnia and osteoarthritis. *Journal of Clinical Sleep Medicine: JCSM: Official Publication of the American Academy of Sleep Medicine, 5*(4), 355-362.

Yamadera, W., Sato, M., Harada, D., Iwashita, M., Aoki, R., Obuchi, K., ... Nakayama, K. (2013). Comparisons of short-term efficacy between individual and group cognitive behavioral therapy for primary insomnia. *Sleep and Biological Rhythms, 11*(3), 176-184.

◆4−10の引用文献

Morley, S., Eccleston, C., & Williams, A. (1999). Systematic review and meta-analysis of randomized controlled trials of cognitive behaviour therapy and behaviour therapy for chronic pain in adults, excluding headache. *Pain, 80*, 1-14.

Otis, J.D. (2007). ***Managing chronic pain: a cognitive-behavioral therapy approach workbook***. Oxford University Press.

Thorn, B.E. (2004) ***Cognitive therapy for chronic pain: a step-by-step guide***. The Guilford Press.

Yoshino, A., Okamoto, Y., Horikoshi, M., Oshita, K., Nakamura, R., Otsuru, N., Yoshimura, S., Tanaka, K., Takagaki, K., & Jinnin, R. (2015) Effectiveness of group cognitive behavioral therapy (GCBT) for somatoform pain disorder patients in Japan: A preliminary non - case - control study. *Psychiatry Clin Neurosci, 69*, 763-772.

吉野敦雄・岡本泰昌・山脇成人 (2017). 慢性疼痛に対する認知行動療法の有効性　心理社会的考察から神経科学的考察まで, *9*, 277-285.

吉野敦雄・岡本泰昌・堀越勝 (2012). 慢性疼痛の認知行動療法 (特集 身体医学領域における認知行動療法). 認知療法研究, *5*, 147-155.

◆4−11 の引用・参考文献

Blanchard, E., & Schwarz, S. (1987). Adaptation of a multicomponent treatment for irritable bowel syndrome to a small-group format. ***Biofeedback and self-regulation, 12***, 63-69.

Blanchard, E. B. (2001). ***Irritable bowel syndrome: Psychosocial assessment and treatment***. American Psychological Association.

Blanchard, E. B., Lackner, J. M., Sanders, K., Krasner, S., Keefer, L., Payne, A., Gudleski, G. D., Katz, L., Rowell, D., Sykes, M., Kuhn, E., Gusmano, R., Carosella, A. M., Firth, R., & Dulgar-Tulloch, L. (2007). A controlled evaluation of group cognitive therapy in the treatment of irritable bowel syndrome. ***Behaviour research and therapy, 45***, 633-648.

Craske, M. G., Wolitzky-Taylor, K. B., Labus, J., Wu, S., Frese, M., Mayer, E. A., & Naliboff, B. D. (2011). A cognitive-behavioral treatment for irritable bowel syndrome using interoceptive exposure to visceral sensations. ***Behaviour research and therapy, 49***, 413-421.

Drossman, D. A. (2006). The functional gastrointestinal disorders and the Rome III process. ***Gastroenterology, 130***, 1377-1390.

福土審 (2009). 過敏性腸症候群 (IBS). 日本消化器病学会雑誌, ***106***, 346-355.

Gros, D. F., Antony, M. M., McCabe, R. E., & Lydiard, R. B. (2011). A preliminary investigation of the effects of cognitive behavioral therapy for panic disorder on gastrointestinal distress in patients with comorbid panic disorder and irritable bowel syndrome. ***Depression and anxiety, 28***, 1027-1033.

Kanazawa, M., Drossman, D. A., Shinozaki, M., Sagami, Y., Endo, Y., Palsson, O. S., Hongo, M., Whitehead, W. E., & Fukudo, S. (2007). Translation and validation of a Japanese version of the irritable bowel syndrome-quality of life measure (IBS-QOL-J). ***BioPsychoSocial medicine, 1***, 6.

Kikuchi, S., Oe, Y., Sasaki, Y., Ishii, H., Ito, Y., Horikoshi, M., . . . Furukawa, T. A. (2020). Group cognitive behavioural therapy (GCBT) versus treatment as usual (TAU) in the treatment of irritable bowel syndrome (IBS): a study protocol for a randomized controlled trial. *BMC Gastroenterology, 20*(1), 29.

Ljotsson, B., Andreewitch, S., Hedman, E., Ruck, C., Andersson, G., & Lindefors, N. (2010). Exposure and mindfulness based therapy for irritable bowel syndrome--an open pilot study. *Journal of Behavior Therapy and Experimental Psychiatry, 41*, 185-190.

Saigo, T., Tayama, J., Hamaguchi, T., Nakaya, N., Tomiie, T., Bernick, P. J., Kanazawa, M., Labus, J. S., Naliboff, B. D., Shirabe, S., & Fukudo, S. (2014). Gastrointestinal specific anxiety in irritable bowel syndrome: validation of the Japanese version of the visceral sensitivity index for university students. *BioPsychoSocial medicine, 8*, 10.

Shinozaki, M., Kanazawa, M., Sagami, Y., Endo, Y., Hongo, M., Drossman, D. A., Whitehead, W. E., & Fukudo, S. (2006). Validation of the Japanese version of the Rome II modular questionnaire and irritable bowel syndrome severity index. *Journal of Gastroenterology, 41*, 491-494.

Tkachuk, G. A., Graff, L. A., Martin, G. L., & Bernstein, C. N. (2003). Randomized controlled trial of cognitive-behavioral group therapy for irritable bowel syndrome in a medical setting. *Journal of Clinical Psychology in Medical Settings, 10*, 57-69.

Toner, B. B., Segal, Z. V., Emmott, S., Myran, D., Ali, A., DiGasbarro, I., & Stuckless, N. (1998). Cognitive-behavioral group therapy for patients with irritable bowel syndrome. *International Journal of Group Psychotherapy, 48*, 215-243.

Tonner, B. B. 他著／野村忍（監訳）(2011). 過敏性腸症候群の認知行動療法―脳腸相関の視点から　星和書店

van Dulmen, A. M., Fennis, J. F., & Bleijenberg, G. (1996). Cognitive-behavioral group therapy for irritable bowel syndrome: effects and long-term follow-up. *Psychosomatic Medicine, 58*, 508-514.

Vollmer, A., & Blanchard, E. B. (1998). Controlled comparison of individual versus group cognitive therapy for irritable bowel syndrome. *Behavior Therapy, 29*, 19-33.

Vos, Theo, Justine Corry, Michelle M. Haby, Rob Carter, & Gavin Andrews. (2005). Cost-Effectiveness of Cognitive-Behavioural Therapy and Drug Interventions for Major Depression. *Australian and New Zealand Journal of Psychiatry, 39*, 683-92.

◆4−12の引用文献

小林桜児・松本俊彦・大槻正樹他 (2007). 覚せい剤依存者に対する外来再発予防プログラムの開発― Serigaya Methamphetamine Relapse Prevention Program (SMARPP) ―日本アルコール・薬物医学会誌, *42*, 507-521

松本俊彦 (2013). 薬物使用障害に対する認知行動療法プログラムの開発と効果に関する研究. 平成23年度厚生労働科学研究費補助金障害者対策総合研究事業「薬物使用障害に対する認知行動療法プログラムの開発と効果に関する研究（代表：松本俊彦）」総括・分担研究報告書, pp1-10.

松本俊彦・今村扶美 (2015). SMARPP-24　物質使用障害治療プログラム金剛出版

National Institute of Drug Abuse (NIDA):
http://www.drugabuse.gov/PODAT/PODAT1.html

Obert, J. L., McCann, M. J., Marinelli-Casey, P. et al. (2000). The Matrix Model of outpatient stimulant abuse treatment: History and description. *J. Psychoactive Drugs, 32*, 157-164.

◆4−13 の引用文献

Anette, S., Anna, H., David, M. et al. (2006). Caregiver-burden in Parkinson's disease is closely associated with psychiatric symptoms, falls, and disability. *Parkinsonism and Related disorders, 12*, 35-41.

Global Parkinson's Disease Survey Steering Committee: Factors impacting on quality of life in Parkinson's disease: results from an international survey. *Mov Disord*, 2002; *17*, 60-67.

Leiknes, I., Tysnes, O. B., Aarsland, D., Larsen, J. P. (2010). Caregiver distress associated with neuropsychiatric problems in patients with early Parkinson's disease: the Norwegian ParkWest study. *Acta neurologica Scandinavica, 122*(6), 418-424.

Lökk, J. (2008). Caregiver strain in Parkinson's disease and the impact of disease duration. *European journal of physical and rehabilitation medicine, 44*(1), 39-45.

村田美穂（編著）(2017). やさしいパーキンソン病の自己管理（改訂3版） 医療ジャーナル社 pp.69-73.

村田美穂・岡本智子 (2013). パーキンソン病とうつ. 日老医誌, *50*, 752-754.

NCNP版PD caregiver programは未出版

Schiehser, D. M., Liu, L., Lessig, S. L., Song, D. D., Obtera, K. M., BurkeIii, M. M. et al. (2013). Predictors of discrepancies in Parkinson's disease patient and caregiver ratings of apathy, disinhibition, and executive dysfunction before and after diagnosis. *Journal of the International Neuropsychological Society: JINS. 19*(3), 295-304.

◆4−14 の引用文献

藤澤大介・色本涼・田村法子・石川博康・田島美幸 (2019). 認知症家族介護者の認知行動療法：START（家族のための戦略）プログラム：基礎編. 保健師ジャーナル, *75*(2), 148-152.

Joling, K.J., van Marwijk, H.W., Veldhuijzen, A.E., van der Horst, H.E., Scheltens, P., Smit, F., & van Hout, H.P. (2015). The two-year incidence of depression and anxiety disorders in spousal caregivers of persons with dementia: who is at the greatest risk? *Am J Geriatr Psychiatry, 23*(3), 293-303.

Livingston, G., Barber, J., Rapaport, P. et al. (2013). Clinical effectiveness of a manual based coping strategy programme (START, STrAtegies for RelaTives) in promoting the mental health of carers of family members with dementia: pragmatic randomised controlled trial. *BMJ, 347*, f6276.

Selwood, A., Johnston, K., Katona, C., Lyketsos, C., & Livingston, G. (2007). Research report Systematic review of the effect of psychological interventions on family caregivers of people with dementia. *Journal of Affective Disorders, 101*, 75-89.

田島美幸・石川博康・藤澤大介 (2019). ワークで学ぶ 認知症の介護に携わる家族・介護者のためのストレス・ケア―認知行動療法のテクニック 金剛出版
田島美幸・石川博康・吉岡直美・原祐子・佐藤洋子・吉原美沙紀・藤里紘子・重枝裕子・岡田佳詠・藤澤大介 (2018). 地域における認知症の家族介護者向け認知行動療法プログラムに関する取り組み. 保健師ジャーナル, *74*(12), 1046-1051.

◆5−1 の引用・参考文献

厚生労働省 平成 30 年 (2018). 労働安全衛生調査 (実態調査)
https://www.mhlw.go.jp/toukei/list/h30-46-50b.html
中村聡美 (2018). うつ病休職者の集団認知行動療法に関する混合型研究 風間書房
岡田佳詠・田島美幸・中村聡美 (2008). さあ！はじめよう うつ病の集団認知行動療法 医学映像教育センター

◆5−2 の引用文献

藤田潔・田中伸明 (2012). 単科精神科病院における認知行動療法―CBT 教育入院クリニカルパスの紹介 日本精神科病院協会雑誌, *31*, 1245-1251.
佐藤潮・中野有美・松本由紀奈・谷雅子・磯谷さよ・丹羽まどか・田中伸明・都真代・蔦嶋枝里子・相馬徳子・足立彩・代田渉・西村明人・松平有加・加藤洋子・吉川愛里・藤田潔 (2014). CBT 教育入院クリニカルパスにおける集団心理教育の評価―重症度・慢性度の違いに着目した検討 第 3 回日本精神科医学会学術大会プログラム・アブストラクト, 220.
田中伸明 (2013). CBT 教育入院クリニカルパスにおける集団心理教育の評価―導入パターンの違いに着目した検討 第 13 回日本認知療法学会プログラム, 81.
田中伸明・松本由紀奈・谷雅子・磯谷さよ・丹羽まどか・都真代・柴田枝里子・早川徳子・足立彩 (2013). CBT 教育入院クリニカルパス導入後一年の実践報告 第 2 回日本精神科医学会学術大会プログラム・アブストラクト, 338.

◆5−3 の引用文献

Chand, S.P., & Grossberg, G.T. (2013). How to adapt cognitive-behavioral therapy for older adults. *Current Psychiatry, 12*, 10-14.
Krishna, M., Honagodu, A., Rajendra, R. et al. (2013). A systematic review and meta-analysis of group psychotherapy for sub-clinical depression in older adults. *International Journal of Geriatric Psychiatry, 28*, 881-888.
Krishna, M., Jauhari, A., Lepping, P. et al. (2010). Is group psychotherapy effective in older adults with depression? A systematic review. *Int J Geriatr Psychiatry, 26*, 331-340.
Serfaty, M.A., Haworth, D., & Buszewicz, M. (2009). Clinical effectiveness of individual cognitive behavioral therapy for depressed older people in primary care: A randomized controlled trial. *Arch Gen Psychiatry, 66*, 1332-1340.

Stanley, M.A., Wilson, N.L., Novy, D.M., et al. (2009). Cognitive behavior therapy for generalized anxiety disorder among older adults in primary care: A randomized controlled trial. *JAMA, 301*, 1460-1467.

Wuthrich, V.M., Rapee, R.M., Kangas, M., et al. (2016). Randomized controlled trial of group cognitive behavioral therapy compared to a discussion group for co-morbid anxiety and depression in older adults. *Psychological Medicine, 46*, 785-795.

◆5−4の参考文献

秋山剛・大野裕監修 (2008). さぁ！はじめよう　うつ病の集団認知行動療法　医学映像教育センター

中島美鈴・奥村泰之編 (2011). 集団認知行動療法実践マニュアル　星和書店

鈴木伸一・岡本泰昌・松永美希 (編) (2011). うつ病の集団認知行動療法実践マニュアル　日本評論社

集団認知行動療法研究会 (監) (2011) さあ！やってみよう　集団認知行動療法　医学映像教育センター

◆5−5の引用文献

鎌倉矩子 (2004). 作業療法の世界―作業を知りたい・考えたい人のために (第2版) 三輪書店

菊池安希子・網本和・大嶋伸雄 (監訳) (2014). PT・OTのための認知行動療法入門　医学書院

日本認知作業療法研究会 WEB-site.：認知作業療法
http://cognitive-ot-japan.kenkyuukai.jp/about/index.asp? (2019.7.18)

大嶋伸雄 (編著) (2013). 患者力を引き出す作業療法 (pp.36-45) 三輪書店

大嶋伸雄 (2015). PT・OT・STのための認知行動療法ガイドブック　中央法規出版

大嶋伸雄 (編) (2016). クリニカル作業療法シリーズ・身体障害の作業療法 (第2版) (pp.359-394) 中央法規

齋藤佑樹 (2014). 作業で語る事例報告：作業療法レジメの書き方・考え方　医学書院

◆5−6の引用文献

Beck, A. T. (1976). *Cognitive therapy and the emotional disorders*. New York: International Universities Press. (大野裕 (監訳) (1990). 認知療法：精神療法の新しい発展　岩崎学術出版社)

石川信一 (2013a). 子どもの不安と抑うつに対する認知行動療法：理論と実践　金子書房

石川信一 (2013b). 小中学校での抑うつ防止プログラム　*Depression Frontier, 11*, 83-88.

石川信一・戸ヶ崎泰子・佐藤正二・佐藤容子 (2006). 児童青年の抑うつ予防プログラム―現状と課題―　教育心理学研究, *54*, 572-584.

石川信一・岩永三智子・山下文大・佐藤寛・佐藤正二 (2010). 社会的スキル訓練による児童の抑うつ症状への長期的効果　教育心理学研究, *58*, 372-384.

石川信一・戸ヶ崎泰子・佐藤正二・佐藤容子 (2009). 中学生に対する学校ベースの抑うつ予防プログラムの開発とその予備的効果検討　行動医学研究, *15*, 69-79.

Mrazek, P. J., & Haggerty, R. J. (Eds.) (1994). ***Reducing risks for mental disorders: Frontiers for preventive intervention research***. Washington, DC: National Academy Press.

National Institute for Health and Care Excellence (2008). Social and emotional wellbeing in primary education March, 2018. Retrieved from 〈https://www.nice.org.uk/guidance/ph12〉 16th September, 2019.

尾形明子・戸ヶ崎泰子・石川信一他 (2010). 中学校における抑うつ予防プログラムの維持効果　第7回日本うつ病学会発表論文集, *151*.

佐藤寛・今城知子・戸ヶ崎泰子・石川信一・佐藤正二・佐藤容子 (2009). 児童の抑うつ症状に対する学級規模の認知行動療法プログラムの有効性　教育心理学研究, *57*, 111-123.

佐藤正二・佐藤容子 (2006). 学校における SST 実践ガイド―子どもの対人スキル指導―　金剛出版

佐藤正二・佐藤容子・石川信一・佐藤寛・戸ヶ崎泰子・尾形明子 (2013). 学校でできる認知行動療法 子どもの抑うつ予防プログラム［小学校編］日本評論社

Sato, S., Ishikawa, S., Togasaki, Y. Ogata A., & Sato, Y. (2013). Long-term effects of a universal prevention program for depression in children: A 3-year follow-up study. *Child and Adolescent Mental Health, 18*, 103-108.

Society of Clinical Child and Adolescent Psychology (2014). Effective child therapy Retrieved from http://effectivechildtherapy.com/

髙橋高人・松原耕平・中野聡之・佐藤正二 (2018). 中学生に対する認知行動的抑うつ予防プログラムの効果―2年間のフォローアップ測定による標準群との比較―　教育心理学研究, *66*, 81-94.

◆ 5−7の引用・参考文献

Dudley, R., Kuyken, W., & Padesky, C.A. (2011). Disorder specific and trans-diagnostic case conceptualisation. *Clin Psychol Rev, 31*(2), 213-24.

Gillham, J.E., Reivich, K.J., Brunwasser, S.M. et al. (2012). Evaluation of a group cognitive-behavioral depression prevention program for young adolescents: a randomized effectiveness trial. *J Clin Child Adolesc Psychol, 41*(5), 621-39.

石川信一 (2013). 子どもの不安と抑うつに対する認知行動療法―理論と実践―　金子書房

石川信一 (2018). イラストでわかる子どもの認知行動療法―困ったときの解決スキル 36―　合同出版

石川信一・戸ヶ崎泰子・佐藤正二・佐藤容子 (2010). 中学生に対する学校ベースの抑うつ予防プログラムの開発とその効果の予備的検討　行動医学研究, *15*(2), 69-79.

Masten, A.S. (2007). Resilience in developing systems: progress and promise as the fourth wave rises. (2007). *Dev Psychopathol, 19*(3), 921-30.

中野有美・森崎智子・吉川愛里・中川敦夫・大野裕 (2016). こころのスキルアップ授業が行われている学校環境における中学生のこころの成長―抑うつレベルが高い生徒の変化と，抑うつレベルに問題のない生徒の変化　精神療法, *42*(3), 385-394.

中野有美・鋤柄増根・志村尚里・中川敦夫・大野裕 (2020). こころのスキルアップ教育が新入生に及ぼす影響 ―Q-U を用いた中学校での探索的研究―教育心理学研究, *68(1)*, in press

小塩真司・中谷素之・金子一史 (2002). ネガティブな出来事からの立ち直りを導く心理的特性―精神的回復力尺度の作成. カウンセリング研究, *35*(1), 57-65.

大野裕・中野有美 (編著)・認知行動療法教育研究会 (2015). こころのスキルアップ教育の理論と実践　大修館書店

Padesky, C.A., Mooney, K.A. (2012). Strengths-based cognitive-behavioural therapy: a four-step model to build resilience. *Clin Psychol Psychother, 19*(4), 283-90.

佐藤正二他 (2013). 学校でできる認知行動療法―子どもの抑うつ予防プログラム [小学校編] ― 日本評論社

髙橋高人・松原耕平・中野聡之・佐藤正二 (2018). 中学生に対する認知行動的抑うつ予防プログラムの効果　教育心理学研究, *66*(1), 81-94.

Wagnild, G.M., & Young, H.M. (2003). What is resilience? How do you promote it? How do you use it? In Grotberg, E. H. (Ed.), *Resilience for today: gaining strength from adversity.* 2nd ed. Praeger Publishers, pp. 1-30.

◆ 5−8 の引用文献

Beck, A. T., Rush, A. J., Shaw, B. F. et al. (1979). Cognitive Therapy of Depression. New York: Guilford Press.

Glass, C. R., Gottman, J. M., & Shmurak, S. H. (1976). Response-acquisition and cognitive self-statement modification approach to dating-skill training. *Journal of Counseling Psychology, 23*, 520-526.

堀正士・佐々木恵美 (2005). 大学生スポーツ競技者における精神障害　スポーツ精神医学, *2*, 41-48.

Lazarus, R. S., & Folkman, S. (1984). *Stress, appraisal, and coping.* New York: Springer.

Meichenbaum, D. H., & Gilmore, B. (1971). Fedoravicius A: Group insight versus group desensitization in treating speech anxiety. *Journal of Clinical and Consulting Psychology, 36*, 410-420.

中込四郎 (2004). アスリートの心理臨床　(pp.73-82) 道和書院.

大野裕・中野有美・認知行動療法教育研究会 (2015). しなやかなこころをはぐくむ　こころのスキルアップ教区の理論と実践　大修館書店

Sekizaki, R., Nemoto, T. et al. (2017). School mental healthcare services using internet-based cognitive behavior therapy for young male athletes in Japan. *Early Interv Psychiatry, 14*, 14.

◆ 5−9 の引用文献

Andrews, D. A., Zinger, I., Hoge, R. D., Bonta, J., Gendreau, P., & Culen, F. C. (1990). Does Correctional Treatment Work? A Clinically Relevant and Psychologically Informed Meta-analysis. *Criminology, 28*, 369-404.

Cox, S. A. (1990). ***Anger management.*** Un-published manuscript.

Cox, S. A. (2001). ***Change is a choice–connections rehabilitative program for offenders.*** Unpublished manuscript.

堀越勝 (2010). 受刑者に対する認知行動モデルに基づいた介入　精神神経学雑誌, *112*(9), 890-896.

Koehler, J. A., Lösel, F., Akoensi, T. D., & Humphreys, D. (2013). A systematic review and meta-analysis on the effects of young offender treatment programs in Europe. ***Journal of Experimental Criminology, 9***(1), 19-43.

Mitchell, D., Simourd, D. J. & Tafrate, R. D. (2014).Introduction: Critical Issues and Challenges Facing Forensic CBT Practitioners. In R. C. Tafrate & D. Mitchell (Eds.), ***Forensic CBT: A Handbook for Clinical Practice*** (pp.1-10). John Wiley & Sons, Ltd.

Tafrate, R. D., Mitchell, D., & Novaco, R.W. (2014). Forensic CBT: Five Recommendations for Clinical Practice and Five Topics in Need of More Attention. In R. C. Tafrate & D. Mitchell (Eds.) ***Forensic CBT: A Handbook for Clinical Practice*** (pp.473-486). John Wiley & Sons, Ltd.

髙岸百合子・堀越勝・勝田浩章・至極睦 (2014). 反犯罪性思考プログラムの受講が受刑者の怒りの統制と問題解決法に与える影響―認知行動モデルによる一般改善指導の効果―　犯罪心理学研究, *52*(1), 31-45.

Yoon, I. A., Slade, K., & Fazel, S. (2017). Outcomes of psychological therapies for prisoners with mental health problems: A systematic review and meta-analysis. ***Journal of Consulting and Clinical Psychology, 85***(8), 783-802.

監修者紹介

大野　裕（おおの　ゆたか）（医学博士）

一般社団法人 認知行動療法研修開発センター 理事長
ストレスマネジメントネットワーク 代表

主要著書

保健，医療，福祉，教育にいかす簡易型認知行動療法実践マニュアル　（共著，ストレスマネジメントネットワーク）
マンガでわかる認知行動療法　（単著，池田書店）

堀越　勝（ほりこし　まさる）（Ph.D.in Clinical Psychology）

国立精神・神経医療研究センター 認知行動療法センター センター長

主要著書

精神療法の基本：支持から認知行動療法まで　（共著，医学書院）
スーパービジョンで磨く認知行動療法　うつ病編　（共著，創元社）

編者紹介

田島美幸（たじま　みゆき）（保健学博士）

慶應義塾大学医学部 精神・神経科学教室 特任講師
国立精神・神経医療研究センター 認知行動療法センター 客員研究員

主要著書

ワークで学ぶ認知症の介護に携わる家族・介護者のストレス・ケア：認知行動療法のテクニック　（共著，金剛出版）
さあ！はじめよう　うつ病の集団認知行動療法　（共著，医学映像教育センター）

2020 年 7 月 7 日　初 版 発 行

集団認知行動療法の進め方

監修者　大野　裕
　　　　堀越　勝
編　者　田島美幸
発行者　山本　格

発行所　株式会社　培　風　館
東京都千代田区九段南 4-3-12・郵便番号102-8260
電 話(03)3262-5256(代表)・振 替 00140-7-44725

東港出版印刷・牧 製本

PRINTED IN JAPAN

ISBN978-4-563-05257-7 C3011